D1408009

COLLECTION
FOLIO CLASSIQUE

Racine

Andromaque

Préface de Raymond Picard

Édition établie et annotée par Jean-Pierre Collinet

Gallimard

PRÉFACE

Les luttes d'Oreste contre son amour sont terminées, luttes vaines. Le héros comprend qu'il ne dispose plus de soi, et il renonce à sa liberté : c'est sa passion désormais qui le conduira. La passivité du héros fait l'efficacité du monde : le consentement du personnage à sa passion marque la naissance de l'univers tragique. Tout se remplit de dieux et commence le règne des puissances fatales.

Je me livre en aveugle au destin qui m'entraîne,

dit Oreste. Mais Racine, dans les éditions de 1668 à 1687, lui faisait s'écrier :

Je me livre en aveugle au transport qui m'entraîne.

Et en effet, Destin, force étrangère personnifiée, ou transport, mouvement de l'âme, du moment qu'on s'y livre, c'est la même chose. Désormais, il n'y a plus de hasard ; tout est présage, tout est signe ; le personnage, vidé de sa volonté, est le jouet de toutes les impulsions extérieures, dont il fait une mythologie. Il en est réduit, spectateur anxieux de ses actions, à chercher au-dehors des renseignements sur soi-même, à tenter de prévoir ce que les dieux ont décidé pour lui :

Ma fortune va prendre une face nouvelle
Et déjà son courroux semble s'être adouci...

Mais si le héros ne peut plus rien sur soi, il peut, croit-il, encore beaucoup pour soi. Sa passion sans doute est fatale, et il n'y résiste plus, mais elle n'est pas nécessairement funeste. Oreste, asservi à l'amour, peut être heureux par cet amour même. Désespéré quant à sa liberté, Oreste ne l'est nullement quant à sa passion. Et pour la satisfaire, pour conquérir Hermione, il se lance plein d'espoir dans l'action, action illusoire peut-être, et du moins incertaine, puisqu'il s'agit contradictoirement d'une action commandée par la passion, mais énergique pourtant et violente. La parole est brève, le ton est sec ; c'est celui du commandement ou du serment à soi :

J'aime : je viens chercher Hermione en ces lieux,
La fléchir, l'enlever, ou mourir à ses yeux.

Et le plan de campagne se dessine : Oreste, ambassadeur des Grecs, est chargé de réclamer Astyanax. Pyrrhus, contraint d'opter, sauvera ce « fils de sa maîtresse » *et se tournera définitivement du côté d'Andromaque : il lui faudra renvoyer Hermione, qui reviendra nécessairement à Oreste. Le plan réussit ; Oreste triomphe. La réponse de Pyrrhus est certaine ; or Hermione vient d'affirmer :*

S'il y consent, je suis prête à vous suivre.

Oreste laisse alors éclater sa joie :

Oui, oui, vous me suivrez, n'en doutez nullement.

Ce singulier héros tragique, heureux et comblé, semble échapper à la tragédie, et comme la défier.

Mais ce qu'Oreste ignore ou veut ignorer, c'est que les autres personnages de la tragédie ont, eux aussi, accepté leur passion, passion qui leur est consubstantielle et qui les définit ; tous auraient pu s'écrier avec lui : « Je me livre en aveugle... » *Aussi bien chez Pyrrhus que chez Hermione, Oreste est incapable de reconnaître la force de l'amour : il n'éprouve la puissance que de son seul transport. Ainsi, tandis qu'il avoue que lui ne saurait changer et qu'il aimera tou-*

jours Hermione, il s'imagine qu'Hermione, elle, peut cesser d'aimer Pyrrhus. L'erreur d'Oreste, comme aussi celle d'Hermione, ou de Pyrrhus, c'est de croire absurdement que l'absolutisme de la passion leur est propre : chacun d'eux restera fidèle à soi-même et à son amour, mais il pense que celui qu'il aime et qui ne l'aime pas va se démentir et se mettre à l'aimer. L'échec inévitable de l'action tragique, le malheur, le meurtre et la mort sont les conséquences trop évidentes de cet illogisme. Oreste, Hermione, Pyrrhus, Andromaque sont dignes l'un de l'autre ; leurs passions ont une égale intensité, si bien que, s'adressant à des objets différents, il était à jamais impossible qu'elles se répondissent. Pylade, parlant de Pyrrhus, dit fort justement à Oreste :

Il est peut-être à plaindre, autant que je vous plains :

leur tragique est de même grandeur. Aucun des héros ne se reniera, et tous poursuivront rigoureusement leurs amours parallèlement malheureuses. Car une même ardeur veut un même malheur, et une même catastrophe qui ensevelisse tous les héros derrière le rideau tombé. L'action tragique est fondée sur la négation de l'univers tragique : le héros méconnaît chez les autres ce consentement irrévocable à la passion, qui détermine la constitution du monde tragique. Plein d'espoir, il semble esquiver la tragédie ; il n'y est que plus impitoyablement ramené.

À aucun moment, et même lorsqu'il décide de livrer Astyanax, Pyrrhus n'a cessé d'aimer Andromaque : son confident n'est pas dupe : « Vous aimez, c'est assez », *dit-il. À aucun moment, et même, et surtout, lorsqu'elle ordonne son assassinat, Hermione n'a cessé d'aimer Pyrrhus. Les revirements des personnages ne marquent nullement l'incertitude de leur amour, mais l'impossibilité où ils sont de construire une conduite cohérente, et l'égarement de leur jugement devant une situation sans issue. À la scène* II *du premier acte, Pyrrhus défie les Grecs et refuse de livrer Astyanax ; à la scène* IV *de l'acte II, il se ravise et décide de le livrer ; entre le troisième et le quatrième acte, il se ravise une seconde fois : il garde Astyanax et épouse Andromaque. C'est qu'entre-temps, il a vu deux fois sa maîtresse : les hésitations d'Andromaque déterminent les contradictions de Pyrrhus. Celles-ci, à leur tour, entraînent les changements d'attitude d'Hermione, dont Oreste subit les contrecoups. Toute décision, selon une logique de l'absurde, rebondit impitoyablement d'un personnage sur l'autre. L'action d'*Andromaque *est faite des* *folles oscillations des héros : aussi bien chacun d'eux dépend-il de qui ne dépend pas de soi. Oreste aime Hermione qui ne l'aime pas ; Hermione aime Pyrrhus qui ne l'aime pas ; Pyrrhus aime Andromaque qui ne l'aime pas ; Andromaque aime Hector qui est mort. Telle est la chaîne tragique. Tous ces héros ne sont unis que par le pouvoir dont chacun d'eux dispose de faire le malheur de l'autre, malheur total et définitif. Car l'amour n'est pas ici un goût dont on se délivre ou une vanité dont on se corrige : il est une passion où tout l'être s'engage, à laquelle le héros s'identifie. Or le sort de tous ces vivants que brûlent des ardeurs forcenées est suspendu à un cadavre. Nous avons bien ici un modèle exemplaire de mécanique tragique. Le moindre geste d'Andromaque a des répercussions multiples et qui semblent imprévisibles, mais que la fatalité tragique a minutieusement calculées.*

Une inquiétante conjonction d'événements a patiemment réuni entre les trois portants de la scène toutes les conditions de la tragédie ; l'immense conjuration de la légende s'est formée pour qu'en ce seul jour tout le malheur de quelques héros fût consommé. On n'en saurait douter : la guerre de Troie n'a eu lieu que pour livrer à Pyrrhus Andromaque, sans le cœur d'Andromaque, pour créer des liens d'amitié entre le *fils d'Achille et l'époux d'Hélène, père d'Hermione, et ainsi désespérer Oreste. Sans la guerre de Troie, la tragédie d'*Andromaque *est impossible. Hector s'interpose à jamais entre Pyrrhus et Andromaque : la guerre de Troie les sépare ; et précisément, il est tragique que Pyrrhus ne puisse rien contre cet obstacle, passé aboli qui demeure. La situation d'*Andromaque *est merveilleusement tragique de quelque côté qu'on l'envisage. Et si l'on pose maintenant ces quatre passions parallèles et inconciliables, il suffit qu'Oreste fasse marcher le déclic pour que la machine infernale ne s'arrête plus avant d'avoir dépeuplé la scène. Le revirement apparent de Pyrrhus n'est qu'un chantage plus hardi sur Andromaque. Cependant Oreste est ainsi lancé plus follement dans l'action : moins il a d'espoir, et moins il patiente. Enlever Hermione ? Comme si son cœur n'appartenait à Pyrrhus de toute éternité, comme si elle pouvait jamais aimer son ravisseur ! Quand Pyrrhus revient à Andromaque, tout se précipite. La frénésie du temps a saisi Hermione ; on voit ici à plein l'efficacité dramatique de l'unité de temps.*

Mais si vous me vengez, vengez-moi dans une heure.

Et ce dernier argument achève de décider Oreste :

S'il ne meurt aujourd'hui, je puis l'aimer demain.

Pyrrhus est tué. Oreste revient, assassin poli : « Vous êtes servie », *dit-il à Hermione, galamment ; il veut sa récompense. Mais elle lui lance seulement son* « Qui te l'a dit ? » *Et comment pouvait-il en être autrement ? Le héros tragique se laisse conduire par les égarements passionnés de l'être aimé ; son action est dirigée par les errements de l'autre. Comment ne serait-elle pas absurde et funeste ? Satisfaire Hermione aveuglée qui ne sait pas ce qu'elle désire, c'est se perdre auprès d'elle.*

Ah ! fallait-il en croire une amante insensée ?

Oreste, acteur et victime, a mis le drame en branle ;

Voilà de ton amour le détestable fruit,

lui crie Hermione, lucide pour une fois, juste avant la mort. Les destinées sont accomplies ; Oreste n'a plus qu'à remercier ces dieux qu'il a fait naître ; il prend conscience de sa mission de personnage tragique, élu entre tous, et il s'écrie, horriblement satisfait :

Hé bien, je meurs content, et mon sort est rempli.

Les dieux ont triomphé et les personnages ont subi leur destin. Il n'y a rien d'imprévu dans la tragédie ; tout, et les revirements même, est tracé d'avance. Le trait de l'événement recouvre immanquablement le pointillé de la fatalité. La pièce est donc jouée quand le rideau se lève. Tout est calculé, les égarements de la passion sont soigneusement dirigés. La surprise du « Qui te l'a dit ? » *est dès longtemps préparée. Et cette progression figée de la tragédie conduit le spectateur à une catastrophe présente au premier vers. Le déroulement de ces fausses actions ne saurait étonner qui connaît le dessein des dieux. Dès avant sa naissance, avant de paraître dans la tragédie, Oreste a tué Pyrrhus, est devenu fou. Tous ces héros remplissent désespérément une vie tracée pour eux de toute éternité, et le premier jour de leur existence est contemporain du dernier ; leur destin est d'un seul tenant. Ces personnages nous parlent d'outre-tombe. La cérémonie tragique développe devant nous le rituel de leurs maux dont la fin est connue.*

Mais précisément, personne, spectateur ni héros, ne connaît le dessein des dieux : celui-ci se révèle seulement à mesure que s'accomplit le malheur des héros. La fatalité n'est présente au premier vers que par retour. Il faut laisser le personnage se construire en cinq actes un destin qui l'écrase. Ce n'est que peu à peu que le spectateur comprend que l'obstacle auquel s'attaque la passion est invincible comme elle ; la nécessité du malheur est progressivement découverte. Il y a de l'espoir presque jusqu'à la fin, et l'action est la plus dramatique *qui soit, car nous ne croyons pas d'abord que sa réussite soit impossible, et sa violence est sans limite : Pyrrhus ne recule pas plus devant un chantage dégradant et cruel, qu'Oreste devant le meurtre. Chacun des personnages, vivant et charnel, tendu de toutes ses forces, combat pour plus que sa vie et croit au succès. Mais le spectateur, après un temps plus ou moins long, selon son degré de sagacité, aperçoit la vanité de cet espoir. Certes, le tragique de la fatalité, au jugement de chacun, varie, commence ou recommence. Mais immanquablement, il se produit enfin un décalage entre le personnage qui espère toujours et le spectateur qui n'espère plus. L'action tragique, c'est cette action catastrophique que le personnage poursuit parce qu'il la croit efficace, mais que le spectateur sait illusoire ou ironiquement et désastreusement efficace. Insensiblement, le* drame *s'est fait tout entier* tragédie. *Déchaîne-*

ment fou des passions palpitantes ? Piège infaillible d'une fatalité immobile ? On ne saurait séparer ces deux perspectives complémentaires sur Andromaque.

RAYMOND PICARD

Andromaque

TRAGÉDIE

À MADAME [1]

MADAME,

Ce n'est pas sans sujet que je mets votre illustre nom à la tête de cet ouvrage. Et de quel autre nom pourrais-je éblouir les yeux de mes lecteurs, que de celui dont mes spectateurs ont été si heureusement éblouis ? On savait que VOTRE ALTESSE ROYALE avait daigné prendre soin de la conduite de ma tragédie ; on

1. Henriette d'Angleterre, fille de Charles Ier. Elle avait épousé Philippe d'Orléans, frère de Louis XIV (Monsieur), le 31 mars 1661. J. E. Morel (« La vivante Andromaque », *Revue d'Histoire littéraire de la France*, 1924, pp. 60 sq.) puis Jean Pommier (*Tradition littéraire et modèles vivants dans l'*Andromaque *de Racine*, Presidential Address of the Modern Humanities Research Association, Cambridge, 1962) ont mis en rapport les épreuves qu'elle avait subies en Angleterre pendant la guerre civile avec la captivité de l'héroïne racinienne chez l'ennemi de sa famille et de sa patrie. Voir encore, à ce sujet, l'édition de la pièce publiée par R. C. Knight et H. T. Barnwell (Genève, Droz, Collection des Textes littéraires français, 1977, pp. 18 et 53), si précieuse à consulter pour tout ce qui concerne les sources ou les rapprochements possibles. On observera cependant que Henriette ne resta que de sa naissance à l'âge de deux ans aux mains de ses geôliers. Cette dédicace figure dans

savait que vous m'aviez prêté quelques-unes de vos lumières pour y ajouter de nouveaux ornements ; on savait enfin que vous l'aviez honorée de quelques larmes dès la première lecture que je vous en fis. Pardonnez-moi, MADAME, si j'ose me vanter de cet heureux commencement de sa destinée. Il me console bien glorieusement de la dureté de ceux qui ne voudraient pas s'en laisser toucher. Je leur permets de condamner l'*Andromaque* tant qu'ils voudront, pourvu qu'il me soit permis d'appeler de toutes les subtilités de leur esprit au cœur de VOTRE ALTESSE ROYALE.

Mais, MADAME, ce n'est pas seulement du cœur que vous jugez de la bonté d'un ouvrage, c'est avec une intelligence qu'aucune fausse lueur ne saurait tromper. Pouvons-nous mettre sur la scène une histoire que vous ne possédiez aussi bien que nous ? Pouvons-nous faire jouer une intrigue dont vous ne pénétriez tous les ressorts ? Et pouvons-nous concevoir des sentiments si nobles et si délicats qui ne soient infiniment au-dessous de la noblesse et de la délicatesse de vos pensées ?

On sait, MADAME, et VOTRE ALTESSE ROYALE a beau s'en cacher, que, dans ce haut degré de gloire où la Nature et la Fortune ont pris plaisir de vous élever, vous ne dédaignez pas cette gloire obscure que les gens de lettres s'étaient réservée. Et il semble que vous ayez voulu avoir autant d'avantage sur notre

---

les éditions séparées de 1668 et 1673. Elle disparaît ensuite et ne sera réimprimée qu'en 1736.

sexe, par les connaissances et par la solidité de votre esprit, que vous excellez dans le vôtre par toutes les grâces qui vous environnent. La cour vous regarde comme l'arbitre de tout ce qui se fait d'agréable. Et nous qui travaillons pour plaire au public, nous n'avons plus que faire de demander aux savants si nous travaillons selon les règles. La règle souveraine est de plaire à VOTRE ALTESSE ROYALE.

Voilà sans doute la moindre de vos excellentes qualités. Mais, MADAME, c'est la seule dont j'ai pu parler avec quelque connaissance ; les autres sont trop élevées au-dessus de moi. Je n'en puis parler sans les rabaisser par la faiblesse de mes pensées, et sans sortir de la profonde vénération avec laquelle je suis,

MADAME,

DE VOTRE ALTESSE ROYALE,

Le très humble, très obéissant,
et très fidèle serviteur,
RACINE.

PREMIÈRE PRÉFACE[1]

Virgile au troisième livre de l'*Énéide* (c'est Énée qui parle) :

Littoraque Epiri legimus, portuque subimus
Chaonio, et celsam Buthroti ascendimus urbem [...]
Solemnes tum forte dapes et tristia dona [...]
Libabat cineri Andromache, Manesque vocabat
Hectoreum ad tumulum, viridi quem cespite inanem,
Et geminas, causam lacrymis, sacraverat aras [...]
Dejecit vultum, et demissa voce locuta est :
O felix una ante alias Priameia virgo,
Hostilem ad tumulum, Trojæ sub mœnibus altis,
Jussa mori, quæ sortitus non pertulit ullos,
Nec victoris heri tetigit captiva cubile !
Nos, patria incensa, diversa per æquora vectæ,
Stirpis Achilleæ fastus, juvenemque superbum,

1. Cette *Préface* figure dans les éditions séparées de 1668 et 1673. Elle disparaît ensuite, remplacée par celle de 1676.

Servitio enixæ, tulimus, qui deinde secutus
Ledæam Hermionem, Lacedæmoniosque
[hymenæos [...]
Ast illum, ereptæ magno inflammatus amore
Conjugis, et scelerum Furiis agitatus, Orestes
Excipit incautum, patriasque obtruncat ad aras[1].

1. Virgile, *Énéide*, III, v. 292-293 (les éditeurs modernes donnent en général « *accedimus* » pour « *ascendimus* »), 301, 303-305, 320-328, 330-332 (les mêmes donnent ici « *flammatus* » plutôt que « *inflammatus* »). Traduction des v. 292-332 (les passages qui correspondent aux vers non cités par Racine sont mis entre crochets) : « Nous longeons le littoral de l'Épire, nous pénétrons dans un port chaonien et nous abordons à la haute ville du Buthrote. [Là, parvient à nos oreilles une incroyable nouvelle : un fils de Priam, Hélénus, règne parmi les cités grecques, possesseur de l'épouse et du sceptre de l'Eacide Pyrrhus. Et Andromaque est une seconde fois échue en partage à un mari de la même patrie. Stupéfait, je conçus en mon cœur un désir étrangement fort de m'entretenir avec son épouse et de m'informer d'événements à ce point extraordinaires. Je quitte le port, laissant la flotte et le rivage], au moment où le hasard voulut que les libations accoutumées et les tristes offrandes, [dans un bois sacré situé devant la ville, au bord d'un Simoïs fictif,] fussent portées par Andromaque à la cendre de son époux et qu'elle invoquât ses mânes près du cénotaphe d'Hector, au gazon verdoyant, qu'elle avait consacré ainsi que deux autels jumeaux, pour y pleurer. [Dès qu'elle m'aperçut venir et vit éperdue autour de moi des Troyens en armes, terrifiée par cette apparition prodigieuse, elle s'immobilisa dans cette contemplation, et la chaleur laissa ses os. Elle chancelle, et, après un long moment, elle dit enfin avec peine : Est-ce bien toi, n'est-ce pas un messager trompeur, fils de la déesse ? Vis-tu ? Mais si tu ne vois plus la lumière du jour, où donc est Hector ? Elle se tut, versa des larmes, et emplit tout l'endroit de ses cris. Tandis qu'elle délire, je lui réponds péniblement quelques mots et, troublé, je n'ouvre la bouche que pour proférer des

Voilà, en peu de vers, tout le sujet de cette tragédie. Voilà le lieu de la scène, l'action qui s'y passe, les quatre principaux acteurs, et même leurs caractères. Excepté celui d'Hermione dont la jalousie et les emportements sont assez marqués dans l'*Andromaque* d'Euripide.

Mais véritablement mes personnages sont si fameux dans l'Antiquité, que, pour peu qu'on la connaisse, on verra fort bien que je les ai rendus tels que les anciens poètes nous les ont donnés. Aussi n'ai-je pas pensé qu'il me fût permis de rien changer à leurs mœurs. Toute la liberté que j'ai prise, ç'a été d'adoucir un peu la férocité de Pyrrhus, que Sénèque, dans sa *Troade*, et Virgile,

---

paroles entrecoupées : N'en doute pas : ce que tu vois est vrai. Hélas ! quel est ton malheureux sort, épouse dépossédée d'un tel mari ? Ou quelle fortune assez digne d'Andromaque, la femme d'Hector, t'a souri ? Es-tu mariée encore avec Pyrrhus ?] Elle baissa la tête et, d'une voix faible, elle dit : Ô seule et plus que toute autre heureuse, la fille de Priam [Polyxène] qui, près du tombeau d'un ennemi [Achille], au pied des hautes murailles de Troie, reçut l'ordre de mourir, qui ne subit aucun tirage au sort et n'entra pas, captive, dans la couche du vainqueur ! Nous, après l'incendie de notre patrie, après avoir traversé les mers, nous avons souffert, enfantant dans l'esclavage, les insolences auxquelles s'est livré le fils d'Achille, ce jeune orgueilleux qui soupira depuis pour Hermione, fille de Léda, et pour un mariage lacédémonien. [Il me donna pour esclave à son esclave Hélénus.] Quant à lui-même, Oreste, brûlant d'un immense amour pour sa fiancée perdue, et poursuivi par les Furies qui tourmentent les criminels, l'assassine à l'improviste non loin des autels consacrés à son père. »

dans le second de l'*Énéide*, ont poussée beaucoup plus loin que je n'ai cru le devoir faire.

Encore s'est-il trouvé des gens qui se sont plaints qu'il s'emportât contre Andromaque, et qu'il voulût épouser une captive à quelque prix que ce fût. J'avoue qu'il n'est pas assez résigné à la volonté de sa maîtresse, et que Céladon[1] a mieux connu que lui le parfait amour. Mais que faire ? Pyrrhus n'avait pas lu nos romans[2]. Il était violent de son naturel. Et tous les héros ne sont pas faits pour être des Céladons.

Quoi qu'il en soit, le public m'a été trop favorable pour m'embarrasser du chagrin particulier de deux ou trois personnes qui voudraient qu'on réformât tous les héros de l'Antiquité pour en faire des héros parfaits. Je trouve leur intention fort bonne de vouloir qu'on ne mette sur la scène que des hommes impeccables. Mais je les prie de se souvenir que ce n'est point à moi de changer les règles du théâtre. Horace[3] nous recommande de dépeindre Achille farouche, inexorable, vio-

1. Le héros de *L'Astrée*, roman publié par Honoré d'Urfé à partir de 1607.

2. Cf. Subligny, *La Folle Querelle*, II, 9, dans Victor Fournel, *Les Contemporains de Molière*, Paris, Firmin-Didot, 1875, t. III, p. 524 : « du moins il avait lu les romans de son temps, car l'amour est l'âme de toutes ses actions, aussi bien que de la pièce, en dépit de ceux qui [comme Corneille] tiennent cela indigne des grands caractères ».

3. *Épître aux Pisons*, v. 120-122.

lent, tel qu'il était, et tel qu'on dépeint son fils. Et Aristote[1], bien éloigné de nous demander des héros parfaits, veut au contraire que les personnages tragiques, c'est-à-dire ceux dont le malheur fait la catastrophe de la tragédie, ne soient ni tout à fait bons ni tout à fait méchants. Il ne veut pas qu'ils soient extrêmement bons, parce que la punition d'un homme de bien exciterait plutôt l'indignation que la pitié du spectateur[2] ; ni qu'ils soient méchants avec excès, parce qu'on n'a point pitié d'un scélérat[3]. Il faut donc qu'ils aient une bonté médiocre, c'est-à-dire une vertu capable de faiblesse, et qu'ils tombent dans le malheur par quelque faute, qui les fasse plaindre sans les faire détester.

1. *Poétique*, XIII, 5.
2. *Poétique*, XIII, 2.
3. *Poétique*, XIII, 4.

SECONDE PRÉFACE[1]

Virgile au troisième livre de l'*Énéide* (c'est Énée qui parle) :

Littoraque Epiri legimus, portuque subimus
Chaonio, et celsam Buthroti ascendimus urbem [...]
Solemnes tum forte dapes et tristia dona [...]
Libabat cineri Andromache, Manesque vocabat
Hectoreum ad tumulum, viridi quem cespite inanem,
Et geminas, causam lacrymis, sacraverat aras [...]
Dejecit vultum, et demissa voce locuta est :
O felix una ante alias Priameia virgo,
Hostilem ad tumulum, Trojæ sub mœnibus altis,
Jussa mori, quæ sortitus non pertulit ullos,
Nec victoris heri tetigit captiva cubile !
Nos, patria incensa, diversa per æquora vectæ,
Stirpis Achilleæ fastus, juvenemque superbum,

1. Cette seconde préface remplace à partir de 1676 la précédente.

Servitio enixæ, tulimus, qui deinde secutus
Ledæam Hermionem, Lacedæmoniosque
[hymenæos [...]
Ast illum, ereptæ magno inflammatus amore
Conjugis, et scelerum Furiis agitatus, Orestes
Excipit incautum, patriasque obtruncat ad aras.

Voilà, en peu de vers, tout le sujet de cette tragédie, voilà le lieu de la scène, l'action qui s'y passe, les quatre principaux acteurs, et même leurs caractères. Excepté celui d'Hermione dont la jalousie et les emportements sont assez marqués dans l'*Andromaque* d'Euripide.

C'est presque la seule chose que j'emprunte ici de cet auteur. Car, quoique ma tragédie porte le même nom que la sienne, le sujet en est cependant très différent. Andromaque, dans Euripide, craint pour la vie de Molossus, qui est un fils qu'elle a eu de Pyrrhus et qu'Hermione veut faire mourir avec sa mère. Mais ici il ne s'agit point de Molossus : Andromaque ne connaît point d'autre mari qu'Hector, ni d'autre fils qu'Astyanax. J'ai cru en cela me conformer à l'idée que nous avons maintenant de cette princesse. La plupart de ceux qui ont entendu parler d'Andromaque ne la connaissaient guère que pour la veuve d'Hector et pour la mère d'Astyanax. On ne croit point qu'elle doive aimer ni un autre mari, ni un autre fils ; et je doute que les larmes d'Andromaque eussent fait sur l'esprit de mes spectateurs l'impression qu'elles y ont faite, si elles avaient coulé pour un autre fils que celui qu'elle avait d'Hector.

Il est vrai que j'ai été obligé de faire vivre Astyanax un peu plus qu'il n'a vécu[1] ; mais j'écris dans un pays où cette liberté ne pouvait pas être mal reçue. Car, sans parler de Ronsard, qui a choisi ce même Astyanax pour le héros de sa *Franciade*, qui ne sait que l'on fait descendre nos anciens rois de ce fils d'Hector, et que nos vieilles chroniques sauvent la vie à ce jeune prince, après la désolation de son pays, pour en faire le fondateur de notre monarchie[2] ?

Combien Euripide a-t-il été plus hardi dans sa tragédie d'*Hélène* ! il y choque ouvertement la créance commune de toute la Grèce : il suppose qu'Hélène n'a jamais mis le pied dans Troie, et

1. Suivant, sur ce point, une tradition qui remonte à Darès le Phrygien, continuateur tardif d'Homère, mais dont on a cru longtemps qu'il avait vécu, comme Dictys de Crète, à l'époque où s'était déroulée la guerre de Troie.

2. « Trithème, lit-on dans *Le Grand Dictionnaire historique* [...] de Moreri (Amsterdam, etc., P. Brunel, *et alii*, 1740, t. IV, p. 183) à l'article "Francus", rapporte cette fable après Hunibaud ; et certains auteurs de même volée ont donné grossièrement dans ces contes. » Voir aussi la *Chronique de Saint-Denis*, qui remonte au XIIIe siècle, Jean Lemaire de Belges, *Illustrations de Gaule* (1513), Scipion Dupleix, *Mémoires des Gaules depuis le déluge jusqu'à l'établissement de la monarchie française* (1619), livre II, chapitre 24.

qu'après l'embrasement de cette ville, Ménélas trouve sa femme en Égypte, dont elle n'était point partie ; tout cela fondé sur une opinion qui n'était reçue que parmi les Égyptiens, comme on le peut voir dans Hérodote[1].

Je ne crois pas que j'eusse besoin de cet exemple d'Euripide pour justifier le peu de liberté que j'ai prise. Car il y a bien de la différence entre détruire le principal fondement d'une fable et en altérer quelques incidents, qui changent presque de face dans toutes les mains qui les traitent. Ainsi Achille, selon la plupart des poètes, ne peut être blessé qu'au talon, quoique Homère le fasse blesser au bras[2], et ne le croie invulnérable en aucune partie de son corps. Ainsi Sophocle fait mourir Jocaste aussitôt après la reconnaissance d'Œdipe[3], tout au contraire d'Euripide qui la fait vivre jusqu'au combat et à la mort de ses deux fils[4]. Et c'est à propos de quelque contrariété de cette nature qu'un ancien commentateur de Sophocle[*] remarque fort bien « qu'il ne faut point s'amuser à chicaner les poètes pour quelques changements qu'ils ont pu faire dans la

* Sophoclis *Electra*.

1. Livre II, Euterpe, 113-120.
2. Voir l'*Iliade*, XXI, v. 166 sq : Achille est blessé par Astéropée.
3. Sophocle, *Œdipe roi*, v. 1234-1267.
4. Euripide, *Les Phéniciennes*, v. 1455-1459.

fable ; mais qu'il faut s'attacher à considérer l'excellent usage qu'ils ont fait de ces changements, et la manière ingénieuse dont ils ont su accommoder la fable à leur sujet[1] ».

1. Racine a pu lire cette observation d'un scoliaste grec sur les v. 539-541 d'*Électre*, où Sophocle dote Ménélas de deux enfants nés d'Hélène, tandis que, selon Homère, le frère d'Hermione serait fils d'une esclave (*Odyssée*, IV, v. 1-14), soit dans le Sophocle publié par Paul Estienne en 1603, où elle se trouve reproduite avec sa traduction en latin par l'humaniste allemand Joachim Camerarius, et dont la Bibliothèque de Toulouse possède un exemplaire annoté par Racine, soit dans le Sophocle procuré par Henri Estienne en 1568. Dans l'exemplaire de cette édition conservé par la Bibliothèque de Bruxelles, Racine, en face de cette glose, a noté : « Différences qui sont dans les poètes pour la Fable » et, au bas de la page : « Il ne faut point y regarder de si près, mais bien plutôt au bel usage qu'ils font de la fable, et aux excellents préceptes qu'on en peut tirer » (Racine, *Œuvres complètes*, éd. Raymond Picard, La Pléiade, t. II, p. 867).

ACTEURS

ANDROMAQUE, veuve d'Hector, captive de Pyrrhus.
PYRRHUS, fils d'Achille, roi d'Épire.
ORESTE, fils d'Agamemnon.
HERMIONE, fille d'Hélène, accordée avec Pyrrhus.
PYLADE, ami d'Oreste.
CLÉONE, confidente d'Hermione.
CÉPHISE, confidente d'Andromaque.
PHŒNIX, gouverneur d'Achille, et ensuite de Pyrrhus.
Suite d'Oreste.

La scène est à Buthrot, ville d'Épire, dans une salle du palais de Pyrrhus.

ACTE PREMIER

SCÈNE I

ORESTE, PYLADE

ORESTE

Oui, puisque je retrouve un ami si fidèle,
Ma fortune va prendre une face nouvelle ;
Et déjà son courroux semble s'être adouci
Depuis qu'elle a pris soin de nous rejoindre ici.
Qui l'eût dit, qu'un rivage à mes vœux si funeste 5
Présenterait d'abord Pylade aux yeux d'Oreste ?
Qu'après plus de six mois que je t'avais perdu,
À la cour de Pyrrhus tu me serais rendu ?

PYLADE

J'en rends grâces au ciel qui, m'arrêtant sans cesse,
Semblait m'avoir fermé le chemin de la Grèce, 10
Depuis le jour fatal que la fureur des eaux
Presque aux yeux de l'Épire écarta nos vaisseaux.

Combien, dans cet exil, ai-je souffert d'alarmes !
Combien à vos malheurs ai-je donné de larmes,
15 Craignant toujours pour vous quelque nouveau danger
Que ma triste amitié ne pouvait partager !
Surtout je redoutais cette mélancolie
Où j'ai vu si longtemps votre âme ensevelie.
Je craignais que le Ciel, par un cruel secours,
20 Ne vous offrît la mort que vous cherchiez toujours.
Mais je vous vois, Seigneur ; et si j'ose le dire,
Un destin plus heureux vous conduit en Épire :
Le pompeux appareil qui suit ici vos pas
N'est point d'un malheureux qui cherche le trépas.

ORESTE

25 Hélas ! qui peut savoir le destin qui m'amène ?
L'amour me fait ici chercher une inhumaine.
Mais qui sait ce qu'il doit ordonner de mon sort,
Et si je viens chercher ou la vie ou la mort ?

PYLADE

Quoi ? votre âme à l'amour en esclave asservie
30 Se repose sur lui du soin de votre vie ?
Par quel charme, oubliant tant de tourments soufferts,
Pouvez-vous consentir à rentrer dans ses fers ?
Pensez-vous qu'Hermione, à Sparte inexorable,
Vous prépare en Épire un sort plus favorable ?
35 Honteux d'avoir poussé tant de vœux superflus,
Vous l'abhorriez ; enfin vous ne m'en parliez plus.
Vous me trompiez, Seigneur.

ORESTE

Je me trompais moi-même !
Ami, n'accable point un malheureux qui t'aime.
T'ai-je jamais caché mon cœur et mes désirs ?
Tu vis naître ma flamme et mes premiers soupirs. 40
Enfin, quand Ménélas disposa de sa fille
En faveur de Pyrrhus, vengeur de sa famille,
Tu vis mon désespoir ; et tu m'as vu depuis
Traîner de mers en mers ma chaîne et mes ennuis.
Je te vis à regret, en cet état funeste, 45
Prêt à suivre partout le déplorable Oreste,
Toujours de ma fureur interrompre le cours,
Et de moi-même enfin me sauver tous les jours.
Mais quand je me souvins que parmi tant d'alarmes
Hermione à Pyrrhus prodiguait tous ses charmes, 50
Tu sais de quel courroux mon cœur alors épris
Voulut en l'oubliant punir[1] tous ses mépris.
Je fis croire et je crus ma victoire certaine ;
Je pris tous mes transports pour des transports de haine.
Détestant ses rigueurs, rabaissant ses attraits, 55
Je défiais ses yeux de me troubler jamais.
Voilà comme je crus étouffer ma tendresse.
En ce calme trompeur j'arrivai dans la Grèce,

1. Var. 1668 et 1673 : « venger ». Racine a tenu compte d'une critique formulée par Subligny dans la *Préface* de *La Folle Querelle* (*loc. cit.*, t. III, p. 499).

Et je trouvai d'abord ses princes rassemblés,
60 Qu'un péril assez grand semblait avoir troublés.
J'y courus. Je pensai que la guerre et la gloire
De soins plus importants rempliraient ma mémoire ;
Que mes sens reprenant leur première vigueur,
L'amour achèverait de sortir de mon cœur.
65 Mais admire avec moi le sort dont la poursuite
Me fit courir alors au piège que j'évite.
J'entends de tous côtés qu'on menace Pyrrhus ;
Toute la Grèce éclate en murmures confus ;
On se plaint qu'oubliant son sang et sa promesse
70 Il élève en sa cour l'ennemi de la Grèce,
Astyanax, d'Hector jeune et malheureux fils,
Reste de tant de rois sous Troie ensevelis.
J'apprends que pour ravir son enfance au supplice
Andromaque trompa l'ingénieux Ulysse,
75 Tandis qu'un autre enfant, arraché de ses bras,
Sous le nom de son fils fut conduit au trépas.
On dit que peu sensible aux charmes d'Hermione
Mon rival porte ailleurs son cœur et sa couronne.
Ménélas, sans le croire, en paraît affligé,
80 Et se plaint d'un hymen si longtemps négligé.
Parmi les déplaisirs où son âme se noie,
Il s'élève en la mienne une secrète joie :
Je triomphe ; et pourtant je me flatte d'abord
Que la seule vengeance excite ce transport.
85 Mais l'ingrate en mon cœur reprit bientôt sa place :
De mes feux mal éteints je reconnus la trace ;
Je sentis que ma haine allait finir son cours,

Ou plutôt je sentis que je l'aimais toujours.
Ainsi de tous les Grecs je brigue le suffrage.
On m'envoie à Pyrrhus ; j'entreprends ce voyage, 90
Je viens voir si l'on peut arracher de ses bras
Cet enfant dont la vie alarme tant d'États.
Heureux si je pouvais, dans l'ardeur qui me presse,
Au lieu d'Astyanax, lui ravir ma princesse !
Car enfin n'attends pas que mes feux redoublés 95
Des périls les plus grands puissent être troublés.
Puisque après tant d'efforts ma résistance est vaine,
Je me livre en aveugle au destin qui m'entraîne.
J'aime : je viens chercher Hermione en ces lieux,
La fléchir, l'enlever, ou mourir à ses yeux. 100
Toi qui connais Pyrrhus, que penses-tu qu'il fasse ?
Dans sa cour, dans son cœur, dis-moi ce qui se passe.
Mon Hermione encor le tient-elle asservi ?
Me rendra-t-il, Pylade, un bien qu'il m'a ravi ?

PYLADE

Je vous abuserais si j'osais vous promettre 105
Qu'entre vos mains, Seigneur, il voulût la remettre.
Non que de sa conquête il paraisse flatté ;
Pour la veuve d'Hector ses feux ont éclaté ;
Il l'aime. Mais enfin cette veuve inhumaine
N'a payé jusqu'ici son amour que de haine ; 110
Et chaque jour encore on lui voit tout tenter
Pour fléchir sa captive, ou pour l'épouvanter.
De son fils qu'il lui cache il menace la tête,
Et fait couler des pleurs qu'aussitôt il arrête.

115 Hermione elle-même a vu plus de cent fois
Cet amant irrité revenir sous ses lois,
Et de ses vœux troublés lui rapportant l'hommage,
Soupirer à ses pieds moins d'amour que de rage.
Ainsi n'attendez pas que l'on puisse aujourd'hui
120 Vous répondre d'un cœur si peu maître de lui :
Il peut, Seigneur, il peut, dans ce désordre extrême,
Épouser ce qu'il hait, et punir ce qu'il aime.

ORESTE

Mais dis-moi de quel œil Hermione peut voir
Son hymen différé, ses charmes sans pouvoir.

PYLADE

125 Hermione, Seigneur, au moins en apparence,
Semble de son amant dédaigner l'inconstance,
Et croit que trop heureux de fléchir [1] sa rigueur
Il la viendra presser de reprendre son cœur.
Mais je l'ai vue enfin me confier ses larmes ;
130 Elle pleure en secret le mépris de ses charmes.
Toujours prête à partir, et demeurant toujours,
Quelquefois elle appelle Oreste à son secours.

1. Var. 1668 et 1673 : « d'apaiser ». Cf. Subligny, *Préface* de *La Folle Querelle* (*loc. cit.*, t. III, p. 499) : « on n'apaise point une rigueur [...] on l'adoucit ».

ORESTE

Ah ! si je le croyais, j'irais bientôt, Pylade,
Me jeter...

PYLADE

Achevez, Seigneur, votre ambassade.
Vous attendez le roi : parlez, et lui montrez 135
Contre le fils d'Hector tous les Grecs conjurés.
Loin de leur accorder ce fils de sa maîtresse,
Leur haine ne fera qu'irriter sa tendresse.
Plus on les veut brouiller, plus on va les unir.
Pressez, demandez tout, pour ne rien obtenir. 140
Il vient.

ORESTE

Eh bien ! va donc disposer la cruelle
À revoir un amant qui ne vient que pour elle.

SCÈNE II

PYRRHUS, ORESTE, PHŒNIX

ORESTE

Avant que tous les Grecs vous parlent par ma voix,
Souffrez que j'ose ici me flatter[1] de leur choix,

1. Var. 1668 et 1673 : « [...] que je me flatte en secret. » Subligny, *Préface* de *La Folle Querelle*, où les huit premiers vers de cette tirade sont passés au crible (*loc. cit.*, t. III, p. 498) : « [...] on lui demandera à quoi il faudra qu'on rapporte ce choix

145 Et qu'à vos yeux, Seigneur, je montre quelque joie
De voir le fils d'Achille et le vainqueur de Troie.
Oui, comme ses exploits nous admirons vos coups :
Hector tomba sous lui, Troie expira sous vous ;
Et vous avez montré, par une heureuse audace,
150 Que le fils seul d'Achille a pu remplir sa place.
Mais, ce qu'il n'eût point fait, la Grèce avec douleur
Vous voit du sang troyen relever le malheur,
Et vous laissant toucher d'une pitié funeste,
D'une guerre si longue entretenir le reste.
155 Ne vous souvient-il plus, Seigneur, quel fut Hector ?
Nos peuples affaiblis s'en souviennent encor.
Son nom seul fait frémir nos veuves et nos filles,
Et dans toute la Grèce il n'est point de familles
Qui ne demandent compte à ce malheureux fils
160 D'un père ou d'un époux qu'Hector leur a ravis.
Et qui sait ce qu'un jour ce fils peut entreprendre ?
Peut-être dans nos ports nous le verrons descendre,
Tel qu'on a vu son père embraser nos vaisseaux,
Et, la flamme à la main, les suivre sur les eaux [1].
165 Oserai-je, Seigneur, dire ce que je pense ?
Vous-même de vos soins craignez la récompense,
Et que dans votre sein ce serpent élevé
Ne vous punisse un jour de l'avoir conservé.
Enfin de tous les Grecs satisfaites l'envie,

des Grecs, et même ce que voudra dire cet *en secret*, qui est un beau galimatias. »

1. Voir l'*Iliade*, XV, v. 696 sq. ; XVI, v. 101-129.

Assurez leur vengeance, assurez votre vie ; 170
Perdez un ennemi d'autant plus dangereux
Qu'il s'essaiera sur vous à combattre contre eux.

PYRRHUS

La Grèce en ma faveur est trop inquiétée.
De soins plus importants je l'ai crue agitée,
Seigneur, et sur le nom de son ambassadeur, 175
J'avais dans ses projets conçu plus de grandeur.
Qui croirait en effet qu'une telle entreprise
Du fils d'Agamemnon méritât l'entremise ;
Qu'un peuple tout entier, tant de fois triomphant,
N'eût daigné conspirer que la mort d'un enfant ? 180
Mais à qui prétend-on que je le sacrifie ?
La Grèce a-t-elle encor quelque droit sur sa vie ?
Et seul de tous les Grecs ne m'est-il pas permis
D'ordonner d'un captif que le sort m'a soumis ?
Oui, Seigneur, lorsqu'au pied des murs fumants de
[Troie 185
Les vainqueurs tout sanglants partagèrent leur proie,
Le sort, dont les arrêts furent alors suivis,
Fit tomber en mes mains Andromaque et son fils.
Hécube près d'Ulysse acheva sa misère ;
Cassandre dans Argos a suivi votre père ; 190
Sur eux, sur leurs captifs, ai-je étendu mes droits ?
Ai-je enfin disposé du fruit de leurs exploits ?
On craint qu'avec Hector Troie un jour ne renaisse ;
Son fils peut me ravir le jour que je lui laisse :
Seigneur, tant de prudence entraîne trop de soin ; 195

Je ne sais point prévoir les malheurs de si loin.
Je songe quelle était autrefois cette ville
Si superbe en remparts, en héros si fertile,
Maîtresse de l'Asie ; et je regarde enfin
200 Quel fut le sort de Troie, et quel est son destin.
Je ne vois que des tours que la cendre a couvertes,
Un fleuve teint de sang, des campagnes désertes,
Un enfant dans les fers ; et je ne puis songer
Que Troie en cet état aspire à se venger.
205 Ah ! si du fils d'Hector la perte était jurée,
Pourquoi d'un an entier l'avons-nous différée ?
Dans le sein de Priam n'a-t-on pu l'immoler ?
Sous tant de morts, sous Troie, il fallait l'accabler.
Tout était juste alors : la vieillesse et l'enfance
210 En vain sur leur faiblesse appuyaient leur défense ;
La victoire et la nuit, plus cruelles que nous,
Nous excitaient au meurtre, et confondaient nos coups.
Mon courroux aux vaincus ne fut que trop sévère.
Mais que ma cruauté survive à ma colère ?
215 Que malgré la pitié dont je me sens saisir,
Dans le sang d'un enfant je me baigne à loisir ?
Non, Seigneur : que les Grecs cherchent quelque
[autre proie ;
Qu'ils poursuivent ailleurs ce qui reste de Troie :
De mes inimitiés le cours est achevé ;
220 L'Épire sauvera ce que Troie a sauvé.

ORESTE

Seigneur, vous savez trop avec quel artifice
Un faux Astyanax fut offert au supplice
Où le seul fils d'Hector devait être conduit.
Ce n'est pas les Troyens, c'est Hector qu'on poursuit.
Oui, les Grecs sur le fils persécutent le père ; 225
Il a par trop de sang acheté leur colère,
Ce n'est que dans le sien qu'elle peut expirer,
Et jusque dans l'Épire il les peut attirer.
Prévenez-les.

PYRRHUS

Non, non. J'y consens avec joie !
Qu'ils cherchent dans l'Épire une seconde Troie ; 230
Qu'ils confondent leur haine, et ne distinguent plus
Le sang qui les fit vaincre et celui des vaincus.
Aussi bien ce n'est pas la première injustice
Dont la Grèce d'Achille a payé le service [1].
Hector en profita, Seigneur ; et quelque jour 235
Son fils en pourrait bien profiter à son tour.

ORESTE

Ainsi la Grèce en vous trouve un enfant rebelle ?

1. Pour compenser la restitution de Chryséis, Agamemnon avait exigé d'Achille sa captive Briséis (*Iliade*, I, v. 318-348). Hector avait profité de leur dissentiment.

PYRRHUS

Et je n'ai donc vaincu que pour dépendre d'elle ?

ORESTE

Hermione, Seigneur, arrêtera vos coups :
240 Ses yeux s'opposeront entre son père et vous.

PYRRHUS

Hermione, Seigneur, peut m'être toujours chère,
Je puis l'aimer, sans être esclave de son père ;
Et je saurai peut-être accorder quelque jour
Les soins de ma grandeur et ceux de mon amour.
245 Vous pouvez cependant voir la fille d'Hélène :
Du sang qui vous unit je sais l'étroite chaîne [1].
Après cela, Seigneur, je ne vous retiens plus,
Et vous pourrez aux Grecs annoncer mon refus.

SCÈNE III

PYRRHUS, PHŒNIX

PHŒNIX

Ainsi vous l'envoyez aux pieds de sa maîtresse ?

1. Hermione, fille de Ménélas et d'Hélène, est doublement sa cousine, puisqu'il est fils d'Agamemnon et de Clytemnestre.

PYRRHUS

On dit qu'il a longtemps brûlé pour la princesse. 250

PHŒNIX

Mais si ce feu, Seigneur, vient à se rallumer ?
S'il lui rendait son cœur, s'il s'en faisait aimer ?

PYRRHUS

Ah ! qu'ils s'aiment, Phœnix ! J'y consens. Qu'elle [parte.
Que charmés l'un de l'autre ils retournent à Sparte !
Tous nos ports sont ouverts et pour elle et pour lui. 255
Qu'elle m'épargnerait de contrainte et d'ennui !

PHŒNIX

Seigneur...

PYRRHUS

Une autre fois je t'ouvrirai mon âme :
Andromaque paraît.

SCÈNE IV

PYRRHUS, ANDROMAQUE, CÉPHISE

PYRRHUS

Me cherchiez-vous, Madame ?
Un espoir si charmant me serait-il permis ?

ANDROMAQUE

260 Je passais jusqu'aux lieux où l'on garde mon fils.
Puisqu'une fois le jour vous souffrez que je voie
Le seul bien qui me reste et d'Hector et de Troie,
J'allais, Seigneur, pleurer un moment avec lui :
Je ne l'ai point encore embrassé d'aujourd'hui [1].

PYRRHUS

265 Ah, Madame ! les Grecs, si j'en crois leurs alarmes,
Vous donneront bientôt d'autres sujets de larmes.

ANDROMAQUE

Et quelle est cette peur dont leur cœur est frappé,
Seigneur ? Quelque Troyen vous est-il échappé ?

PYRRHUS

Leur haine pour Hector n'est pas encore éteinte.
270 Ils redoutent son fils.

ANDROMAQUE

Digne objet de leur crainte !
Un enfant malheureux qui ne sait pas encor
Que Pyrrhus est son maître, et qu'il est fils d'Hector.

1. Chateaubriand, *Génie du christianisme*, éd. Maurice Regard, Paris, Gallimard, Bibliothèque de la Pléiade, 1978, p. 665 (IIe partie, livre II, chapitre VI : « La Mère — Andromaque ») : « Ce vers si simple et si aimable [...] est le mot d'une femme chrétienne : cela n'est point dans le goût des Grecs, et encore moins des Romains », etc.

PYRRHUS

Tel qu'il est, tous les Grecs demandent qu'il périsse.
Le fils d'Agamemnon vient hâter son supplice.

ANDROMAQUE

Et vous prononcerez un arrêt si cruel ? 275
Est-ce mon intérêt qui le rend criminel ?
Hélas ! on ne craint point qu'il venge un jour son
[père ;
On craint qu'il n'essuyât les larmes de sa mère.
Il m'aurait tenu lieu d'un père [1] et d'un époux ;
Mais il me faut tout perdre, et toujours par vos coups. 280

PYRRHUS

Madame, mes refus ont prévenu vos larmes.
Tous les Grecs m'ont déjà menacé de leurs armes,
Mais dussent-ils encore, en repassant les eaux,
Demander votre fils avec mille vaisseaux,
Coûtât-il tout le sang qu'Hélène a fait répandre, 285
Dussé-je après dix ans voir mon palais en cendre,
Je ne balance point, je vole à son secours.
Je défendrai sa vie aux dépens de mes jours.
Mais parmi ces périls où je cours pour vous plaire,
Me refuserez-vous un regard moins sévère ? 290
Haï de tous les Grecs, pressé de tous côtés,

1. Le père d'Andromaque, Eétion, roi de Thèbe en Cilicie, avait été tué par Achille ainsi que ses sept fils (*Iliade*, VI, v. 414-420). Voir également le v. 929.

Me faudra-t-il combattre encor vos cruautés ?
Je vous offre mon bras. Puis-je espérer encore
Que vous accepterez un cœur qui vous adore ?
295 En combattant pour vous, me sera-t-il permis
De ne vous point compter parmi mes ennemis ?

ANDROMAQUE

Seigneur, que faites-vous, et que dira la Grèce ?
Faut-il qu'un si grand cœur montre tant de faiblesse ?
Voulez-vous qu'un dessein si beau, si généreux,
300 Passe pour le transport d'un esprit amoureux [1] ?
Captive, toujours triste, importune à moi-même,
Pouvez-vous souhaiter qu'Andromaque vous aime ?
Quels charmes ont pour vous des yeux infortunés
Qu'à des pleurs éternels vous avez condamnés [2] ?

1. Voltaire, dans ses *Commentaires sur Corneille*, publiés en 1764 (*Remarques sur Pertharite*), rapproche les v. 661-666 de cette pièce (II, 5), où Rodélinde, prisonnière du tyran Grimoald, lui dit que la restitution du trône occupé jadis par son époux au fils de celui-ci ne doit pas paraître due à son amour pour elle, et les v. 297-300, 305-310 d'*Andromaque* : « On reconnaît dans Racine, observe-t-il, la même idée, les mêmes nuances que dans Corneille, mais avec cette douceur, cette mollesse, cette sensibilité, et cet heureux choix de mots qui portent l'attendrissement dans l'âme » (*Commentaires sur Corneille*, Paris, Firmin Didot, 1862, pp. 428-429).

2. Var. 1668 et 1673 :

Que feriez-vous, hélas ! d'un cœur infortuné
Qu'à des pleurs éternels vous avez condamné ?

Le « cœur ne pleure pas », avait remarqué Subligny dans la *Préface* de *La Folle Querelle* (*loc. cit.*, t. III, p. 497).

Non, non ; d'un ennemi respecter la misère, 305
Sauver des malheureux, rendre un fils à sa mère,
De cent peuples pour lui combattre la rigueur,
Sans me faire payer son salut de mon cœur,
Malgré moi, s'il le faut, lui donner un asile :
Seigneur, voilà des soins dignes du fils d'Achille. 310

PYRRHUS

Hé quoi ! votre courroux n'a-t-il pas eu son cours ?
Peut-on haïr sans cesse ? et punit-on toujours ?
J'ai fait des malheureux, sans doute ; et la Phrygie
Cent fois de votre sang a vu ma main rougie ;
Mais que vos yeux sur moi se sont bien exercés ! 315
Qu'ils m'ont vendu bien cher les pleurs qu'ils ont [versés !
De combien de remords m'ont-ils rendu la proie !
Je souffre tous les maux que j'ai faits devant Troie.
Vaincu, chargé de fers, de regrets consumé,
Brûlé de plus de feux que je n'en allumai[1], 320
Tant de soins, tant de pleurs, tant d'ardeurs inquiètes...
Hélas ! fus-je jamais si cruel que vous l'êtes ?
Mais enfin, tour à tour, c'est assez nous punir :
Nos ennemis communs devraient nous réunir.
Madame, dites-moi seulement que j'espère, 325
Je vous rends votre fils, et je lui sers de père ;

1. Voir, sur ce vers, R. C. Knight, « Brûlé de plus de feux », dans *Studies Offered to R. L. G. Ritchie*, Cambridge, 1949, pp. 107 sq., et Jean Pommier, « Brûlé de plus de feux », dans les *Mélanges Daniel Mornet,* 1951, pp. 83 sq.

Je l'instruirai moi-même à venger les Troyens ;
J'irai punir les Grecs de vos maux et des miens.
Animé d'un regard, je puis tout entreprendre :
330 Votre Ilion encor peut sortir de sa cendre ;
Je puis, en moins de temps que les Grecs ne l'ont pris,
Dans ses murs relevés couronner votre fils.

ANDROMAQUE

Seigneur, tant de grandeurs ne nous touchent plus
[guère.
Je les lui promettais tant qu'a vécu son père.
335 Non, vous n'espérez plus de nous revoir encor,
Sacrés murs que n'a pu conserver mon Hector !
À de moindres faveurs des malheureux prétendent,
Seigneur : c'est un exil que mes pleurs vous
[demandent.
Souffrez que, loin des Grecs, et même loin de vous,
340 J'aille cacher mon fils, et pleurer mon époux.
Votre amour contre nous allume trop de haine.
Retournez, retournez à la fille d'Hélène.

PYRRHUS

Et le puis-je, Madame ? Ah ! que vous me gênez !
Comment lui rendre un cœur que vous me retenez ?
345 Je sais que de mes vœux on lui promit l'empire ;
Je sais que pour régner elle vint dans l'Épire ;
Le sort vous y voulut l'une et l'autre amener :
Vous, pour porter des fers, elle, pour en donner.
Cependant ai-je pris quelque soin de lui plaire ?

Et ne dirait-on pas, en voyant au contraire 350
Vos charmes tout-puissants, et les siens dédaignés,
Qu'elle est ici captive et que vous y régnez ?
Ah ! qu'un seul des soupirs que mon cœur vous envoie,
S'il s'échappait vers elle y porterait de joie.

ANDROMAQUE

Et pourquoi vos soupirs seraient-ils repoussés ? 355
Aurait-elle oublié vos services passés ?
Troie, Hector, contre vous, révoltent-ils son âme ?
Aux cendres d'un époux doit-elle enfin sa flamme ?
Et quel époux encore ! Ah ! souvenir cruel !
Sa mort seule a rendu votre père immortel ; 360
Il doit au sang d'Hector tout l'éclat de ses armes,
Et vous n'êtes tous deux connus que par mes larmes.

PYRRHUS

Eh bien, Madame, eh bien ! il faut vous obéir :
Il faut vous oublier, ou plutôt vous haïr.
Oui, mes vœux ont trop loin poussé leur violence 365
Pour ne plus s'arrêter que dans l'indifférence ;
Songez-y bien : il faut désormais que mon cœur,
S'il n'aime avec transport, haïsse avec fureur.
Je n'épargnerai rien dans ma juste colère :
Le fils me répondra des mépris de la mère[1]. 370

1. Voltaire (*loc. cit.*, p. 429) rapproche ce vers, et les trois précédents, de *Pertharite*, III, 1, v. 755-762, où Grimoald, irrité par le refus de Rodélinde, lui met en main le marché de consentir à l'aimer ou de voir mourir son fils. Il ajoute ce commentaire : « On ne peut voir une ressemblance plus entière ; mais

La Grèce le demande, et je ne prétends pas
Mettre toujours ma gloire à sauver des ingrats.

ANDROMAQUE

Hélas ! il mourra donc. Il n'a pour sa défense
Que les pleurs de sa mère et que son innocence.
375 Et peut-être après tout, en l'état où je suis,
Sa mort avancera la fin de mes ennuis.
Je prolongeais pour lui ma vie et ma misère ;
Mais enfin sur ses pas j'irai revoir son père.
Ainsi, tous trois, Seigneur, par vos soins réunis,
380 Nous vous...

PYRRHUS

Allez, Madame, allez voir votre fils.
Peut-être, en le voyant, votre amour plus timide
Ne prendra pas toujours sa colère pour guide.
Pour savoir nos destins j'irai vous retrouver.
Madame, en l'embrassant, songez à le sauver.

---

c'est la ressemblance d'un tableau de Raphaël à une esquisse grossièrement dessinée [...] Il est évident que Racine a tiré son or de cette fange. »

ACTE DEUXIÈME

SCÈNE I

HERMIONE, CLÉONE

HERMIONE

Je fais ce que tu veux. Je consens qu'il me voie. 385
Je lui veux bien encore accorder cette joie.
Pylade va bientôt conduire ici ses pas ;
Mais si je m'en croyais, je ne le verrais pas.

CLÉONE

Et qu'est-ce que sa vue a pour vous de funeste ?
Madame, n'est-ce pas toujours le même Oreste 390
Dont vous avez cent fois souhaité le retour,
Et dont vous regrettiez la constance et l'amour ?

HERMIONE

C'est cet amour payé de trop d'ingratitude
Qui me rend en ces lieux sa présence si rude.
Quelle honte pour moi, quel triomphe pour lui, 395

De voir mon infortune égaler son ennui !
Est-ce là, dira-t-il, cette fière Hermione ?
Elle me dédaignait ; un[1] autre l'abandonne.
L'ingrate, qui mettait son cœur à si haut prix,
400 Apprend donc à son tour à souffrir des mépris ?
Ah dieux !

CLÉONE

Ah ! dissipez ces indignes alarmes :
Il a trop bien senti le pouvoir de vos charmes.
Vous croyez qu'un amant vienne vous insulter ?
Il vous rapporte un cœur qu'il n'a pu vous ôter.
405 Mais vous ne dites point ce que vous mande un père ?

HERMIONE

Dans ses retardements si Pyrrhus persévère,
À la mort du Troyen s'il ne veut consentir,
Mon père avec les Grecs m'ordonne de partir.

CLÉONE

Eh bien, Madame, eh bien ! écoutez donc Oreste.
410 Pyrrhus a commencé, faites au moins le reste.
Pour bien faire il faudrait que vous le prévinssiez.
Ne m'avez-vous pas dit que vous le haïssiez ?

1. Texte de 1668 et de 1673. Les éditions suivantes donnent, par erreur, « une autre ».

HERMIONE

Si je le hais, Cléone ! Il y va de ma gloire,
Après tant de bontés dont il perd la mémoire ;
Lui qui me fut si cher, et qui m'a pu trahir, 415
Ah ! je l'ai trop aimé pour ne le point haïr !

CLÉONE

Fuyez-le donc, Madame ; et puisqu'on vous adore...

HERMIONE

Ah ! laisse à ma fureur le temps de croître encore.
Contre mon ennemi laisse-moi m'assurer.
Cléone, avec horreur je m'en veux séparer. 420
Il n'y travaillera que trop bien, l'infidèle !

CLÉONE

Quoi ? vous en attendez quelque injure nouvelle ?
Aimer une captive, et l'aimer à vos yeux,
Tout cela n'a donc pu vous le rendre odieux ?
Après ce qu'il a fait, que saurait-il donc faire ? 425
Il vous aurait déplu, s'il pouvait vous déplaire.

HERMIONE

Pourquoi veux-tu, cruelle, irriter mes ennuis ?
Je crains de me connaître en l'état où je suis.
De tout ce que tu vois tâche de ne rien croire ;
Crois que je n'aime plus, vante-moi ma victoire ; 430
Crois que dans son dépit mon cœur est endurci,
Hélas ! et, s'il se peut, fais-le-moi croire aussi.

Tu veux que je le fuie ? Eh bien ! rien ne m'arrête :
Allons ; n'envions plus son indigne conquête :
435 Que sur lui sa captive étende son pouvoir.
Fuyons... Mais si l'ingrat rentrait dans son devoir !
Si la foi dans son cœur retrouvait quelque place ;
S'il venait à mes pieds me demander sa grâce ;
Si sous mes lois, Amour, tu pouvais l'engager !
440 S'il voulait... Mais l'ingrat ne veut que m'outrager.
Demeurons toutefois pour troubler leur fortune,
Prenons quelque plaisir à leur être importune ;
Ou, le forçant de rompre un nœud si solennel,
Aux yeux de tous les Grecs rendons-le criminel.
445 J'ai déjà sur le fils attiré leur colère ;
Je veux qu'on vienne encor lui demander la mère.
Rendons-lui les tourments qu'elle m'a fait souffrir :
Qu'elle le perde, ou bien qu'il la fasse périr.

CLÉONE

Vous pensez que des yeux toujours ouverts aux larmes
450 Se plaisent à troubler le pouvoir de vos charmes,
Et qu'un cœur accablé de tant de déplaisirs
De son persécuteur ait brigué les soupirs ?
Voyez si sa douleur en paraît soulagée.
Pourquoi donc les chagrins où son âme est plongée ?
455 Contre un amant qui plaît pourquoi tant de fierté ?

HERMIONE

Hélas ! pour mon malheur, je l'ai trop écouté.
Je n'ai point du silence affecté le mystère :

Je croyais sans péril pouvoir être sincère,
Et sans armer mes yeux d'un moment de rigueur,
Je n'ai pour lui parler consulté que mon cœur. 460
Et qui ne se serait comme moi déclarée
Sur la foi d'une amour si saintement jurée ?
Me voyait-il de l'œil qu'il me voit aujourd'hui ?
Tu t'en souviens encor, tout conspirait pour lui :
Ma famille vengée, et les Grecs dans la joie, 465
Nos vaisseaux tout chargés des dépouilles de Troie,
Les exploits de son père effacés par les siens,
Ses feux que je croyais plus ardents que les miens,
Mon cœur, toi-même enfin de sa gloire éblouie,
Avant qu'il me trahît, vous m'avez tous trahie. 470
Mais c'en est trop, Cléone, et quel que soit Pyrrhus,
Hermione est sensible, Oreste a des vertus ;
Il sait aimer du moins, et même sans qu'on l'aime,
Et peut-être il saura se faire aimer lui-même.
Allons. Qu'il vienne enfin. 475

CLÉONE

Madame, le voici.

HERMIONE

Ah ! je ne croyais pas qu'il fût si près d'ici.

SCÈNE II

HERMIONE, ORESTE, CLÉONE

HERMIONE

Le croirai-je, Seigneur, qu'un reste de tendresse
Vous fasse ici chercher une triste princesse ?
Ou ne dois-je imputer qu'à votre seul devoir
480 L'heureux empressement qui vous porte à me voir ?

ORESTE

Tel est de mon amour l'aveuglement funeste.
Vous le savez, Madame, et le destin d'Oreste
Est de venir sans cesse adorer vos attraits,
Et de jurer toujours qu'il n'y viendra jamais.
485 Je sais que vos regards vont rouvrir mes blessures,
Que tous mes pas vers vous sont autant de parjures :
Je le sais, j'en rougis ; mais j'atteste les dieux,
Témoins de la fureur de mes derniers adieux,
Que j'ai couru partout où ma perte certaine
490 Dégageait mes serments et finissait ma peine.
J'ai mendié la mort chez des peuples cruels
Qui n'apaisaient leurs dieux que du sang des mortels :
Ils[1] m'ont fermé leur temple ; et ces peuples barbares
De mon sang prodigué sont devenus avares.

1. « Ils » : les peuples (v. 491) ; « leur temple » : celui des dieux (v. 492). Dans *Iphigénie en Tauride*, Oreste échappe aux Scythes qui mettent à mort tous les étrangers ayant accosté chez eux. Il a risqué sa vie pour enlever sa sœur devenue prêtresse d'Artémis, et la statue de la déesse.

Enfin je viens à vous, et je me vois réduit 495
À chercher dans vos yeux une mort qui me fuit.
Mon désespoir n'attend que leur indifférence :
Ils n'ont qu'à m'interdire un reste d'espérance.
Ils n'ont, pour avancer cette mort où je cours,
Qu'à me dire une fois ce qu'ils m'ont dit toujours. 500
Voilà depuis un an le seul soin qui m'anime.
Madame, c'est à vous de prendre une victime
Que les Scythes auraient dérobée à vos coups,
Si j'en avais trouvé d'aussi cruels que vous.

HERMIONE

Quittez, Seigneur, quittez ce funeste langage. 505
À des soins plus pressants la Grèce vous engage.
Que parlez-vous du Scythe et de mes cruautés ?
Songez à tous ces rois que vous représentez [1].
Faut-il que d'un transport leur vengeance dépende ?
Est-ce le sang d'Oreste enfin qu'on vous demande ? 510
Dégagez-vous des soins dont vous êtes chargé.

1. Var. 1668 et 1673 :

Non, non, ne pensez pas qu'Hermione dispose
D'un sang sur qui la Grèce aujourd'hui se repose.
Mais vous-même est-ce ainsi que vous exécutez
Les vœux de tant d'États que vous représentez ?

Subligny, dans la *Préface* de *La Folle Querelle* (*loc. cit.*, t. III, pp. 497-498), a critiqué cette première version : « se reposer sur un sang » lui paraît « une étrange figure » ; « exécuter les ordres n'est pas la même chose qu'exécuter les vœux, qui ne se dit que quand on a voué quelque chose ; mais ce n'était point un pèlerinage que les Grecs avaient voué en Épire ».

ORESTE

Les refus de Pyrrhus m'ont assez dégagé,
Madame : il me renvoie ; et quelque autre puissance
Lui fait du fils d'Hector embrasser la défense.

HERMIONE

515 L'infidèle !

ORESTE

Ainsi donc, tout prêt à le quitter,
Sur mon propre destin je viens vous consulter.
Déjà même je crois entendre la réponse
Qu'en secret contre moi votre haine prononce

HERMIONE

Hé quoi ? toujours injuste en vos tristes discours,
520 De mon inimitié vous plaindrez-vous toujours [1] ?

1. Var. 1668 et 1673 :

[...] *il ne me reste rien.*
Qu'à venir prendre ici la place du Troyen :
Nous sommes ennemis, lui des Grecs, moi le vôtre ;
Pyrrhus protège l'un, et je vous livre l'autre.

HERMIONE

Hé quoi ? Dans vos chagrins sans raison affermi,
Vous croirez-vous toujours, Seigneur, mon ennemi ?

Subligny, dans *La Folle Querelle*, III, 6 (*loc. cit.*, t. III, p. 535), avait traité la rédaction primitive de « galimatias ». Et dans la *Préface* (*ibid.*, t. III, pp. 496-497), on pouvait lire : « Je ne trouve point que *vous croirez-vous mon ennemi*, pour dire *me croirez-vous votre ennemie*, soit une chose bien écrite. »

Quelle est cette rigueur tant de fois alléguée ?
J'ai passé dans l'Épire où j'étais reléguée :
Mon père l'ordonnait ; mais qui sait si depuis
Je n'ai point en secret partagé vos ennuis ?
Pensez-vous avoir seul éprouvé des alarmes ? 525
Que l'Épire jamais n'ait vu couler mes larmes ?
Enfin, qui vous a dit que malgré mon devoir
Je n'ai pas quelquefois souhaité de vous voir ?

ORESTE

Souhaité de me voir ! Ah ! divine Princesse...
Mais, de grâce, est-ce à moi que ce discours
[s'adresse ? 530
Ouvrez vos yeux : songez qu'Oreste est devant vous,
Oreste si longtemps l'objet de leur courroux.

HERMIONE

Oui, c'est vous dont l'amour, naissant avec leurs
[charmes,
Leur apprit le premier le pouvoir de leurs armes ;
Vous que mille vertus me forçaient d'estimer ; 535
Vous que j'ai plaint, enfin que je voudrais aimer.

ORESTE

Je vous entends. Tel est mon partage funeste :
Le cœur est pour Pyrrhus, et les vœux pour Oreste.

HERMIONE

Ah ! ne souhaitez pas le destin de Pyrrhus :
540 Je vous haïrais trop.

ORESTE

Vous m'en aimeriez plus.
Ah ! que vous me verriez d'un regard bien contraire !
Vous me voulez aimer, et je ne puis vous plaire ;
Et l'amour seul alors se faisant obéir,
Vous m'aimeriez, Madame, en me voulant haïr.
545 Ô dieux ! tant de respects, une amitié si tendre...
Que de raisons pour moi, si vous pouviez m'entendre !
Vous seule pour Pyrrhus disputez aujourd'hui,
Peut-être malgré vous, sans doute malgré lui :
Car enfin il vous hait ; son âme ailleurs éprise
550 N'a plus...

HERMIONE

Qui vous l'a dit, Seigneur, qu'il me méprise ?
Ses regards, ses discours vous l'ont-ils donc appris ?
Jugez-vous que ma vue inspire des mépris,
Qu'elle allume en un cœur des feux si peu durables ?
Peut-être d'autres yeux me sont plus favorables.

ORESTE

555 Poursuivez : il est beau de m'insulter ainsi.
Cruelle, c'est donc moi qui vous méprise ici ?
Vos yeux n'ont pas assez éprouvé ma constance ?

Je suis donc un témoin de leur peu de puissance ?
Je les ai méprisés ? Ah ! qu'ils voudraient bien voir
Mon rival comme moi mépriser leur pouvoir ! 560

HERMIONE

Que m'importe, Seigneur, sa haine, ou sa tendresse ?
Allez contre un rebelle armer toute la Grèce ;
Rapportez-lui le prix de sa rébellion ;
Qu'on fasse de l'Épire un second Ilion.
Allez. Après cela direz-vous que je l'aime ? 565

ORESTE

Madame, faites plus, et venez-y vous-même.
Voulez-vous demeurer pour otage en ces lieux ?
Venez dans tous les cœurs faire parler vos yeux.
Faisons de notre haine une commune attaque.

HERMIONE

Mais, Seigneur, cependant, s'il épouse Andromaque ? 570

ORESTE

Hé, Madame !

HERMIONE

Songez quelle honte pour nous,
Si d'une Phrygienne il devenait l'époux.

ORESTE

Et vous le haïssez ? Avouez-le, Madame,
L'amour n'est pas un feu qu'on renferme en une âme ;
575 Tout nous trahit, la voix, le silence, les yeux,
Et les feux mal couverts n'en éclatent que mieux.

HERMIONE

Seigneur, je le vois bien, votre âme prévenue
Répand sur mes discours le venin qui la tue[1],
Toujours dans mes raisons cherche quelque détour,
580 Et croit qu'en moi la haine est un effort d'amour.
Il faut donc m'expliquer ; vous agirez en suite.
Vous savez qu'en ces lieux mon devoir m'a conduite ;
Mon devoir m'y retient ; et je n'en puis partir
Que mon père ou Pyrrhus ne m'en fasse sortir.
585 De la part de mon père allez lui faire entendre
Que l'ennemi des Grecs ne peut être son gendre.
Du Troyen ou de moi faites-le décider :
Qu'il songe qui des deux il veut rendre, ou garder ;
Enfin qu'il me renvoie, ou bien qu'il vous le livre.
590 Adieu. S'il y consent, je suis prête à vous suivre.

1. Voltaire (*loc. cit.*, p. 428), à propos des v. 577-578 (et 1214), remarque : « Hermione parle absolument comme Edüige dans *Pertharite*, [II, 1]. [...] l'intention d'Edüige est que Garibalde la serve en détachant le parjure Grimoald de sa rivale Rodelinde ; et Hermione veut qu'Oreste, lui demandant Astyanax, dégage Pyrrhus de son amour pour Andromaque. »

SCÈNE III

ORESTE, *seul.*

Oui, oui, vous me suivrez, n'en doutez nullement ;
Je vous réponds déjà de son consentement.
Je ne crains pas, enfin, que Pyrrhus la retienne :
Il n'a devant les yeux que sa chère Troyenne ;
Tout autre objet le blesse ; et peut-être aujourd'hui 595
Il n'attend qu'un prétexte à l'éloigner de lui.
Nous n'avons qu'à parler : c'en est fait. Quelle joie
D'enlever à l'Épire une si belle proie !
Sauve tout ce qui reste, et de Troie, et d'Hector,
Garde son fils, sa veuve, et mille autres encor, 600
Épire, c'est assez qu'Hermione rendue
Perde à jamais tes bords et ton prince de vue.
Mais un heureux destin le conduit en ces lieux.
Parlons. À tant d'attraits, Amour, ferme ses yeux !

SCÈNE IV

PYRRHUS, ORESTE, PHŒNIX

PYRRHUS

Je vous cherchais, Seigneur. Un peu de violence 605
M'a fait de vos raisons combattre la puissance,
Je l'avoue ; et depuis que je vous ai quitté,
J'en ai senti la force et connu l'équité.
J'ai songé comme vous qu'à la Grèce, à mon père,

610 À moi-même, en un mot, je devenais contraire,
Que je relevais Troie, et rendais imparfait
Tout ce qu'a fait Achille, et tout ce que j'ai fait.
Je ne condamne plus un courroux légitime,
Et l'on vous va, Seigneur, livrer votre victime.

ORESTE

615 Seigneur, par ce conseil prudent et rigoureux,
C'est acheter la paix du sang d'un malheureux.

PYRRHUS

Oui ; mais je veux, Seigneur, l'assurer davantage :
D'une éternelle paix Hermione est le gage ;
Je l'épouse. Il semblait qu'un spectacle si doux
620 N'attendît en ces lieux qu'un témoin tel que vous :
Vous y représentez tous les Grecs et son père,
Puisqu'en vous Ménélas voit revivre son frère.
Voyez-la donc. Allez. Dites-lui que demain
J'attends, avec la paix, son cœur de votre main.

ORESTE

625 Ah dieux !

SCÈNE V

PYRRHUS, PHŒNIX

PYRRHUS

Eh bien, Phœnix, l'amour est-il le maître ?
Tes yeux refusent-ils encor de me connaître ?

PHŒNIX

Ah ! je vous reconnais, et ce juste courroux,
Ainsi qu'à tous les Grecs, Seigneur, vous rend à
[vous [1].
Ce n'est plus le jouet d'une flamme servile :
C'est Pyrrhus. C'est le fils et le rival d'Achille, 630
Que la gloire à la fin ramène sous ses lois,
Qui triomphe de Troie une seconde fois.

PYRRHUS

Dis plutôt qu'aujourd'hui commence ma victoire.
D'aujourd'hui seulement je jouis de ma gloire,
Et mon cœur, aussi fier que tu l'as vu soumis, 635
Croit avoir en l'amour vaincu mille ennemis.
Considère, Phœnix, les troubles que j'évite,
Quelle foule de maux l'amour traîne à sa suite,

1. Var. 1668 et 1673. Entre ce vers et le suivant, on lisait :

Et qui l'aurait pensé, qu'une si noble audace
D'un long abaissement prendrait si tôt la place ?
Que l'on pût si tôt vaincre un poison si charmant ?
Mais, Pyrrhus, quand il veut, sait vaincre en un moment.

Que d'amis, de devoirs, j'allais sacrifier ;
640 Quels périls... Un regard m'eût tout fait oublier.
Tous les Grecs conjurés fondaient sur un rebelle ;
Je trouvais du plaisir à me perdre pour elle.

PHŒNIX

Oui, je bénis, Seigneur, l'heureuse cruauté
Qui vous rend...

PYRRHUS

Tu l'as vu, comme elle m'a traité.
645 Je pensais, en voyant sa tendresse alarmée,
Que son fils me la dût renvoyer désarmée.
J'allais voir le succès de ses embrassements :
Je n'ai trouvé que pleurs mêlés d'emportements.
Sa misère l'aigrit ; et toujours plus farouche,
650 Cent fois le nom d'Hector est sorti de sa bouche.
Vainement à son fils j'assurais mon secours :
C'est Hector, disait-elle, en l'embrassant toujours ;
Voilà ses yeux, sa bouche, et déjà son audace ;
C'est lui-même ; c'est toi, cher époux, que j'embrasse.
655 Et quelle est sa pensée ? attend-elle en ce jour
Que je lui laisse un fils pour nourrir son amour ?

PHŒNIX

Sans doute. C'est le prix que vous gardait l'ingrate.
Mais laissez-la, Seigneur.

PYRRHUS

Je vois ce qui la flatte :
Sa beauté la rassure, et malgré mon courroux,
L'orgueilleuse m'attend encore à ses genoux. 660
Je la verrais aux miens, Phœnix, d'un œil tranquille.
Elle est veuve d'Hector, et je suis fils d'Achille :
Trop de haine sépare Andromaque et Pyrrhus.

PHŒNIX

Commencez donc, Seigneur, à ne m'en parler plus.
Allez voir Hermione, et content de lui plaire, 665
Oubliez à ses pieds jusqu'à votre colère.
Vous-même à cet hymen venez la disposer.
Est-ce sur un rival qu'il s'en faut reposer ?
Il ne l'aime que trop.

PYRRHUS

Crois-tu, si je l'épouse,
Qu'Andromaque en son cœur[1] n'en sera pas jalouse ? 670

PHŒNIX

Quoi ! toujours Andromaque occupe votre esprit ?
Que vous importe, ô dieux ! sa joie, ou son dépit ?
Quel charme, malgré vous, vers elle vous attire ?

1. Voir l'Appendice, p. 157.

PYRRHUS

Non, je n'ai pas bien dit tout ce qu'il lui faut dire :
675 Ma colère à ses yeux n'a paru qu'à demi ;
Elle ignore à quel point je suis son ennemi.
Retournons-y. Je veux la braver à sa vue,
Et donner à ma haine une libre étendue.
Viens voir tous ses attraits, Phœnix, humiliés.
680 Allons.

PHŒNIX

Allez, Seigneur, vous jeter à ses pieds.
Allez, en lui jurant que votre âme l'adore,
À de nouveaux mépris l'encourager encore.

PYRRHUS

Je le vois bien, tu crois que prêt à l'excuser
Mon cœur court après elle et cherche à s'apaiser.

PHŒNIX

685 Vous aimez, c'est assez.

PYRRHUS

Moi l'aimer ? une ingrate
Qui me hait d'autant plus que mon amour la flatte ?
Sans parents, sans amis, sans espoir que sur moi ;
Je puis perdre son fils, peut-être je le doi ;
Étrangère... que dis-je ? esclave dans l'Épire,
690 Je lui donne son fils, mon âme, mon empire,
Et je ne puis gagner dans son perfide cœur

D'autre rang que celui de son persécuteur ?
Non, non, je l'ai juré, ma vengeance est certaine :
Il faut bien une fois justifier sa haine.
J'abandonne son fils. Que de pleurs vont couler ! 695
De quel nom sa douleur me va-t-elle appeler !
Quel spectacle pour elle aujourd'hui se dispose !
Elle en mourra, Phœnix, et j'en serai la cause.
C'est lui mettre moi-même un poignard dans le sein.

PHŒNIX

Et pourquoi donc en faire éclater le dessein ? 700
Que ne consultiez-vous tantôt votre faiblesse ?

PYRRHUS

Je t'entends. Mais excuse un reste de tendresse.
Crains-tu pour ma colère un si faible combat ?
D'un amour qui s'éteint c'est le dernier éclat.
Allons. À tes conseils, Phœnix, je m'abandonne. 705
Faut-il livrer son fils ? faut-il voir Hermione ?

PHŒNIX

Oui, voyez-la, Seigneur, et par des vœux soumis,
Protestez-lui...

PYRRHUS

Faisons tout ce que j'ai promis.

ACTE TROISIÈME

SCÈNE I

ORESTE, PYLADE

PYLADE

Modérez donc, Seigneur, cette fureur extrême.
710 Je ne vous connais plus ; vous n'êtes plus vous-même.
Souffrez...

ORESTE

Non, tes conseils ne sont plus de saison,
Pylade ; je suis las d'écouter la raison.
C'est traîner trop longtemps ma vie et mon supplice :
Il faut que je l'enlève, ou bien que je périsse.
715 Le dessein en est pris, je le veux achever.
Oui, je le veux.

PYLADE

Eh bien ! il la faut enlever.
J'y consens. Mais songez cependant où vous êtes.
Que croira-t-on de vous, à voir ce que vous faites ?
Dissimulez : calmez ce transport inquiet ;
Commandez à vos yeux de garder le secret. 720
Ces gardes, cette cour, l'air qui vous environne,
Tout dépend de Pyrrhus, et surtout Hermione [1].
À ses regards surtout cachez votre courroux.
Ô dieux ! en cet état pourquoi la cherchiez-vous ?

ORESTE

Que sais-je ? De moi-même étais-je alors le maître ? 725
La fureur m'emportait, et je venais peut-être
Menacer à la fois l'ingrate et son amant.

PYLADE

Et quel était le fruit de cet emportement ?

ORESTE

Et quelle âme, dis-moi, ne serait éperdue
Du coup dont ma raison vient d'être confondue ? 730
Il épouse, dit-il, Hermione demain ;

1. Var. 1668 et 1673 : « et surtout d'Hermione », faute grossière, selon Geoffroy (qu'allègue Paul Mesnard, *Œuvres* de J. Racine, Paris, Hachette, Les Grands écrivains, 1886, t. II, p. 80). Cependant, si le sens diffère d'une leçon à l'autre, la plus ancienne pouvait parfaitement s'accepter.

Il veut pour m'honorer la tenir de ma main.
Ah ! plutôt cette main dans le sang du barbare...

PYLADE

Vous l'accusez, Seigneur, de ce destin bizarre ;
735 Cependant tourmenté de ses propres desseins,
Il est peut-être à plaindre, autant que je vous plains.

ORESTE

Non, non, je le connais, mon désespoir le flatte ;
Sans moi, sans mon amour, il dédaignait l'ingrate.
Ses charmes jusque-là n'avaient pu le toucher :
740 Le cruel ne la prend que pour me l'arracher.
Ah dieux ! c'en était fait : Hermione gagnée
Pour jamais de sa vue allait être éloignée,
Son cœur, entre l'amour et le dépit confus,
Pour se donner à moi n'attendait qu'un refus,
745 Ses yeux s'ouvraient, Pylade. Elle écoutait Oreste,
Lui parlait, le plaignait. Un mot eût fait le reste.

PYLADE

Vous le croyez.

ORESTE

Hé quoi ? ce courroux enflammé
Contre un ingrat...

PYLADE

Jamais il ne fut plus aimé.
Pensez-vous, quand Pyrrhus vous l'aurait accordée,
Qu'un prétexte tout prêt ne l'eût pas retardée ? 750
M'en croirez-vous ? Lassé de ses trompeurs attraits,
Au lieu de l'enlever, fuyez-la pour jamais.
Quoi ? votre amour se veut charger d'une furie
Qui vous détestera, qui toute votre vie,
Regrettant un hymen tout prêt à s'achever, 755
Voudra...

ORESTE

C'est pour cela que je veux l'enlever.
Tout lui rirait, Pylade, et moi, pour mon partage,
Je n'emporterais donc qu'une inutile rage ?
J'irais loin d'elle encor tâcher de l'oublier ?
Non, non, à mes tourments je veux l'associer. 760
C'est trop gémir tout seul. Je suis las qu'on me plaigne.
Je prétends qu'à mon tour l'inhumaine me craigne,
Et que ses yeux cruels, à pleurer condamnés,
Me rendent tous les noms que je leur ai donnés.

PYLADE

Voilà donc le succès qu'aura votre ambassade : 765
Oreste ravisseur !

ORESTE

Et qu'importe, Pylade ?
Quand nos États vengés jouiront de mes soins,
L'ingrate de mes pleurs jouira-t-elle moins ?
Et que me servira que la Grèce m'admire,
770 Tandis que je serai la fable de l'Épire ?
Que veux-tu ? Mais s'il faut ne te rien déguiser,
Mon innocence enfin commence à me peser.
Je ne sais de tout temps quelle injuste puissance
Laisse le crime en paix, et poursuit l'innocence.
775 De quelque part sur moi que je tourne les yeux,
Je ne vois que malheurs qui condamnent les dieux.
Méritons leur courroux, justifions leur haine,
Et que le fruit du crime en précède la peine.
Mais toi, par quelle erreur veux-tu toujours sur toi
780 Détourner un courroux qui ne cherche que moi ?
Assez et trop longtemps mon amitié t'accable :
Évite un malheureux, abandonne un coupable.
Cher Pylade, crois-moi, ta pitié te séduit.
Laisse-moi des périls dont j'attends tout le fruit.
785 Porte aux Grecs cet enfant que Pyrrhus m'abandonne.
Va-t'en.

PYLADE

Allons, Seigneur, enlevons Hermione.
Au travers des périls un grand cœur se fait jour.
Que ne peut l'amitié conduite par l'amour ?
Allons de tous vos Grecs encourager le zèle.

Nos vaisseaux sont tout prêts, et le vent nous appelle. 790
Je sais de ce palais tous les détours obscurs ;
Vous voyez que la mer en vient battre les murs.
Et cette nuit sans peine une secrète voie
Jusqu'en votre vaisseau conduira votre proie.

ORESTE

J'abuse, cher ami, de ton trop d'amitié. 795
Mais pardonne à des maux dont toi seul as pitié ;
Excuse un malheureux, qui perd tout ce qu'il aime,
Que tout le monde hait, et qui se hait lui-même.
Que ne puis-je à mon tour dans un sort plus heureux...

PYLADE

Dissimulez, Seigneur, c'est tout ce que je veux. 800
Gardez qu'avant le coup votre dessein n'éclate :
Oubliez jusque-là qu'Hermione est ingrate ;
Oubliez votre amour. Elle vient, je la voi.

ORESTE

Va-t'en. Réponds-moi d'elle, et je réponds de moi.

SCÈNE II

HERMIONE, ORESTE, CLÉONE

ORESTE

805 Eh bien ? mes soins vous ont rendu votre conquête.
J'ai vu Pyrrhus, Madame, et votre hymen s'apprête.

HERMIONE

On le dit ; et de plus on vient de m'assurer
Que vous ne me cherchiez que pour m'y préparer.

ORESTE

Et votre âme à ses vœux ne sera pas rebelle ?

HERMIONE

810 Qui l'eût cru, que Pyrrhus ne fût pas infidèle ?
Que sa flamme attendrait si tard pour éclater ?
Qu'il reviendrait à moi, quand je l'allais quitter ?
Je veux croire avec vous qu'il redoute la Grèce,
Qu'il suit son intérêt plutôt que sa tendresse,
815 Que mes yeux sur votre âme étaient plus absolus.

ORESTE

Non, Madame, il vous aime, et je n'en doute plus.
Vos yeux ne font-ils pas tout ce qu'ils veulent faire ?
Et vous ne vouliez pas sans doute lui déplaire.

HERMIONE

Mais que puis-je, Seigneur ? On a promis ma foi.
Lui ravirai-je un bien qu'il ne tient pas de moi ? 820
L'amour ne règle pas le sort d'une princesse.
La gloire d'obéir est tout ce qu'on nous laisse.
Cependant je partais, et vous avez pu voir
Combien je relâchais pour vous de mon devoir.

ORESTE

Ah ! que vous saviez bien, cruelle... Mais, Madame, 825
Chacun peut à son choix disposer de son âme.
La vôtre était à vous. J'espérais ; mais enfin
Vous l'avez pu donner sans me faire un larcin.
Je vous accuse aussi bien moins que la fortune.
Et pourquoi vous lasser d'une plainte importune ? 830
Tel est votre devoir, je l'avoue ; et le mien
Est de vous épargner un si triste entretien.

SCÈNE III

HERMIONE, CLÉONE

HERMIONE

Attendais-tu, Cléone, un courroux si modeste ?

CLÉONE

La douleur qui se tait n'en est que plus funeste.
835 Je le plains d'autant plus qu'auteur de son ennui,
Le coup qui l'a perdu n'est parti que de lui.
Comptez depuis quel temps votre hymen se prépare ;
Il a parlé, Madame, et Pyrrhus se déclare.

HERMIONE

Tu crois que Pyrrhus craint ? Et que craint-il encor ?
840 Des peuples qui dix ans ont fui devant Hector ?
Qui cent fois effrayés de l'absence d'Achille,
Dans leurs vaisseaux brûlants ont cherché leur asile,
Et qu'on verrait encor, sans l'appui de son fils,
Redemander Hélène aux Troyens impunis ?
845 Non, Cléone, il n'est point ennemi de lui-même,
Il veut tout ce qu'il fait, et s'il m'épouse, il m'aime.
Mais qu'Oreste à son gré m'impute ses douleurs :
N'avons-nous d'entretien que celui de ses pleurs ?
Pyrrhus revient à nous. Eh bien, chère Cléone,
850 Conçois-tu les transports de l'heureuse Hermione ?
Sais-tu quel est Pyrrhus ? T'es-tu fait raconter
Le nombre des exploits... mais qui les peut compter ?
Intrépide, et partout suivi de la victoire,
Charmant, fidèle enfin, rien ne manque à sa gloire.
855 Songe...

CLÉONE

Dissimulez. Votre rivale en pleurs
Vient à vos pieds sans doute apporter ses douleurs.

HERMIONE

Dieux ! ne puis-je à ma joie abandonner mon âme ?
Sortons : que lui dirais-je ?

SCÈNE IV

ANDROMAQUE, HERMIONE, CLÉONE, CÉPHISE [1]

ANDROMAQUE

Où fuyez-vous, Madame ?
N'est-ce pas à vos yeux un spectacle assez doux
Que la veuve d'Hector pleurante à vos genoux ? 860
Je ne viens point ici, par de jalouses larmes,
Vous envier un cœur qui se rend à vos charmes.
Par une main cruelle, hélas ! j'ai vu percer
Le seul où mes regards prétendaient s'adresser.
Ma flamme par Hector fut jadis allumée ; 865
Avec lui dans la tombe elle s'est enfermée.
Mais il me reste un fils. Vous saurez quelque jour,

1. G. Rudler (« Une source d'*Andromaque* ? », *Modern Language Review*, 1917, p. 292) a rapproché cette scène de celle (II, 3) qui, dans l'*Hercule mourant* de Rotrou, met en présence Iole et sa rivale Déjanire.

Madame, pour un fils jusqu'où va notre amour ;
Mais vous ne saurez pas, du moins je le souhaite,
870 En quel trouble mortel son intérêt nous jette,
Lorsque de tant de biens qui pouvaient nous flatter,
C'est le seul qui nous reste, et qu'on veut nous l'ôter.
Hélas ! lorsque lassés de dix ans de misère,
Les Troyens en courroux menaçaient votre mère,
875 J'ai su de mon Hector lui procurer l'appui.
Vous pouvez sur Pyrrhus ce que j'ai pu sur lui.
Que craint-on d'un enfant qui survit à sa perte ?
Laissez-moi le cacher en quelque île déserte ;
Sur les soins de sa mère on peut s'en assurer,
880 Et mon fils avec moi n'apprendra qu'à pleurer.

HERMIONE

Je conçois vos douleurs. Mais un devoir austère,
Quand mon père a parlé, m'ordonne de me taire.
C'est lui qui de Pyrrhus fait agir le courroux.
S'il faut fléchir Pyrrhus, qui le peut mieux que vous ?
885 Vos yeux assez longtemps ont régné sur son âme ;
Faites-le prononcer : j'y souscrirai, Madame.

SCÈNE V

ANDROMAQUE, CÉPHISE

ANDROMAQUE

Quel mépris la cruelle attache à ses refus !

CÉPHISE

Je croirais ses conseils, et je verrais Pyrrhus.
Un regard confondrait Hermione et la Grèce...
Mais lui-même il vous cherche. 890

SCÈNE VI

PYRRHUS, ANDROMAQUE, PHŒNIX, CÉPHISE

PYRRHUS, *à Phœnix.*

Où donc est la princesse ?
Ne m'avais-tu pas dit qu'elle était en ces lieux ?

PHŒNIX

Je le croyais.

ANDROMAQUE, *à Céphise.*

Tu vois le pouvoir de mes yeux !

PYRRHUS

Que dit-elle, Phœnix ?

ANDROMAQUE

Hélas ! tout m'abandonne.

PHŒNIX

Allons, Seigneur, marchons sur les pas d'Hermione.

CÉPHISE

895 Qu'attendez-vous ? Rompez ce silence obstiné.

ANDROMAQUE

Il a promis mon fils.

CÉPHISE

Il ne l'a pas donné.

ANDROMAQUE

Non, non, j'ai beau pleurer, sa mort est résolue.

PYRRHUS

Daigne-t-elle sur nous tourner au moins la vue ?
Quel orgueil !

ANDROMAQUE

Je ne fais que l'irriter encor.

900 Sortons.

PYRRHUS

Allons aux Grecs livrer le fils d'Hector.

ANDROMAQUE

Ah ! Seigneur, arrêtez ! Que prétendez-vous faire ?
Si vous livrez le fils, livrez-leur donc la mère.
Vos serments m'ont tantôt juré tant d'amitié !
Dieux ! ne pourrai-je au moins toucher votre pitié ?
Sans espoir de pardon m'avez-vous condamnée ? 905

PYRRHUS

Phœnix vous le dira, ma parole est donnée.

ANDROMAQUE

Vous qui braviez pour moi tant de périls divers !

PYRRHUS

J'étais aveugle alors ; mes yeux se sont ouverts.
Sa grâce à vos désirs pouvait être accordée ;
Mais vous ne l'avez pas seulement demandée : 910
C'en est fait.

ANDROMAQUE

Ah ! Seigneur, vous entendiez assez
Des soupirs qui craignaient de se voir repoussés.
Pardonnez à l'éclat d'une illustre fortune
Ce reste de fierté, qui craint d'être importune.
Vous ne l'ignorez pas : Andromaque, sans vous, 915
N'aurait jamais d'un maître embrassé les genoux.

PYRRHUS

Non, vous me haïssez ; et dans le fond de l'âme
Vous craignez de devoir quelque chose à ma flamme.
Ce fils même, ce fils, l'objet de tant de soins,
920 Si je l'avais sauvé, vous l'en aimeriez moins.
La haine, le mépris, contre moi tout s'assemble ;
Vous me haïssez plus que tous les Grecs ensemble.
Jouissez à loisir d'un si noble courroux.
Allons, Phœnix.

ANDROMAQUE

Allons rejoindre mon époux.

CÉPHISE

925 Madame...

ANDROMAQUE

Et que veux-tu que je lui dise encore ?
Auteur de tous mes maux, crois-tu qu'il les ignore ?
Seigneur, voyez l'état où vous me réduisez.
J'ai vu mon père mort et nos murs embrasés,
J'ai vu trancher les jours de ma famille entière,
930 Et mon époux sanglant traîné sur la poussière,
Son fils seul avec moi réservé pour les fers.
Mais que ne peut un fils ? Je respire, je sers.
J'ai fait plus : je me suis quelquefois consolée
Qu'ici plutôt qu'ailleurs le sort m'eût exilée ;
935 Qu'heureux dans son malheur, le fils de tant de rois,

Puisqu'il devait servir, fût tombé sous vos lois.
J'ai cru que sa prison deviendrait son asile.
Jadis Priam soumis fut respecté d'Achille :
J'attendais de son fils encor plus de bonté.
Pardonne, cher Hector, à ma crédulité. 940
Je n'ai pu soupçonner ton ennemi d'un crime ;
Malgré lui-même enfin je l'ai cru magnanime.
Ah ! s'il l'était assez pour nous laisser du moins
Au tombeau qu'à ta cendre ont élevé mes soins ;
Et que finissant là sa haine et nos misères, 945
Il ne séparât point des dépouilles si chères !

PYRRHUS

Va m'attendre, Phœnix.

SCÈNE VII

PYRRHUS, ANDROMAQUE, CÉPHISE

PYRRHUS *continue.*

Madame, demeurez.
On peut vous rendre encor ce fils que vous pleurez.
Oui, je sens à regret qu'en excitant vos larmes
Je ne fais contre moi que vous donner des armes. 950
Je croyais apporter plus de haine en ces lieux.
Mais, Madame, du moins tournez vers moi les yeux :
Voyez si mes regards sont d'un juge sévère,
S'ils sont d'un ennemi qui cherche à vous déplaire.

955 Pourquoi me forcez-vous vous-même à vous trahir ?
Au nom de votre fils, cessons de nous haïr.
À le sauver enfin c'est moi qui vous convie.
Faut-il que mes soupirs vous demandent sa vie ?
Faut-il qu'en sa faveur j'embrasse vos genoux ?
960 Pour la dernière fois, sauvez-le, sauvez-vous.
Je sais de quels serments je romps pour vous les
[chaînes,
Combien je vais sur moi faire éclater de haines.
Je renvoie Hermione, et je mets sur son front,
Au lieu de ma couronne, un éternel affront.
965 Je vous conduis au temple où son hymen s'apprête,
Je vous ceins du bandeau préparé pour sa tête.
Mais ce n'est plus, Madame, une offre à dédaigner :
Je vous le dis, il faut ou périr ou régner.
Mon cœur, désespéré d'un an d'ingratitude,
970 Ne peut plus de son sort souffrir l'incertitude.
C'est craindre, menacer et gémir trop longtemps.
Je meurs si je vous perds, mais je meurs si j'attends.
Songez-y : je vous laisse, et je viendrai vous prendre
Pour vous mener au temple, où ce fils doit m'attendre.
975 Et là vous me verrez soumis, ou furieux,
Vous couronner, Madame, ou le perdre à vos yeux.

SCÈNE VIII

ANDROMAQUE, CÉPHISE

CÉPHISE

Je vous l'avais prédit, qu'en dépit de la Grèce
De votre sort encor vous seriez la maîtresse.

ANDROMAQUE

Hélas ! de quel effet tes discours sont suivis ?
Il ne me restait plus qu'à condamner mon fils. 980

CÉPHISE

Madame, à votre époux c'est être assez fidèle :
Trop de vertu pourrait vous rendre criminelle ;
Lui-même il porterait votre âme à la douceur.

ANDROMAQUE

Quoi, je lui donnerais Pyrrhus pour successeur ?

CÉPHISE

Ainsi le veut son fils, que les Grecs vous ravissent. 985
Pensez-vous qu'après tout ses mânes en rougissent ?
Qu'il méprisât, Madame, un roi victorieux,
Qui vous fait remonter au rang de vos aïeux ;
Qui foule aux pieds pour vous vos vainqueurs en
[colère,
Qui ne se souvient plus qu'Achille était son père, 990
Qui dément ses exploits et les rend superflus ?

ANDROMAQUE

Dois-je les oublier, s'il ne s'en souvient plus ?
Dois-je oublier Hector privé de funérailles,
Et traîné sans honneur autour de nos murailles ?
995 Dois-je oublier son père à mes pieds renversé,
Ensanglantant l'autel qu'il tenait embrassé ?
Songe, songe, Céphise, à cette nuit cruelle
Qui fut pour tout un peuple une nuit éternelle ;
Figure-toi Pyrrhus les yeux étincelants,
1000 Entrant à la lueur de nos palais brûlants ;
Sur tous mes frères morts se faisant un passage,
Et de sang tout couvert échauffant le carnage ;
Songe aux cris des vainqueurs, songe aux cris des
[mourants,
Dans la flamme étouffés, sous le fer expirants ;
1005 Peins-toi dans ces horreurs Andromaque éperdue :
Voilà comme Pyrrhus vint s'offrir à ma vue,
Voilà par quels exploits il sut se couronner,
Enfin voilà l'époux que tu me veux donner.
Non, je ne serai point complice de ses crimes ;
1010 Qu'il nous prenne, s'il veut, pour dernières victimes.
Tous mes ressentiments lui seraient asservis.

CÉPHISE

Eh bien, allons donc voir expirer votre fils :
On n'attend plus que vous. Vous frémissez, Madame ?

ANDROMAQUE

Ah ! de quel souvenir viens-tu frapper mon âme !
Quoi, Céphise, j'irai voir expirer encor 1015
Ce fils, ma seule joie, et l'image d'Hector ?
Ce fils que de sa flamme il me laissa pour gage ?
Hélas ! je m'en souviens [1], le jour que son courage
Lui fit chercher Achille, ou plutôt le trépas,
Il demanda son fils, et le prit dans ses bras : 1020
Chère épouse, dit-il en essuyant mes larmes,
J'ignore quel succès le sort garde à mes armes [2] ;
Je te laisse mon fils pour gage de ma foi :
S'il me perd, je prétends qu'il me retrouve en toi.
Si d'un heureux hymen la mémoire t'est chère, 1025
Montre au fils à quel point tu chérissais le père.
Et je puis voir répandre un sang si précieux ?

1. Var. 1668 et 1673 : « [...] il m'en souvient ». Le passage évoque très librement les adieux d'Hector et d'Andromaque au sixième chant de l'*Iliade* (v. 369-502), « tableau » que Racine qualifie de « divin » dans ses *Annotations* sur le poème homérique (*Œuvres complètes* de Racine, éd. Raymond Picard, t. II, p. 714). De ce qu'Hector « ne trouve point Andromaque au logis », observait-il également (*ibid.*, t. II, p. 713), leur « conversation même devient plus tragique et plus noble ; elle se passe à la porte de la ville, par où Hector va sortir pour n'y plus rentrer ». Il admirait Homère (*ibid.*) « d'avoir mêlé le rire, les larmes, la gravité, la tendresse, le courage, la crainte, et tout ce qui peut toucher ».

2. Dans ses *Annotations* sur l'*Iliade*, sur les v. 447-449 du chant VI, Racine observait : « Hector prévoit que Troie sera prise quelque jour. Cela excite plus de compassion que s'il était sûr de la victoire. »

Et je laisse avec lui périr tous ses aïeux ?
Roi barbare, faut-il que mon crime l'entraîne ?
1030 Si je te hais, est-il coupable de ma haine ?
T'a-t-il de tous les siens reproché le trépas ?
S'est-il plaint à tes yeux des maux qu'il ne sent pas ?
Mais cependant, mon fils, tu meurs si je n'arrête
Le fer que le cruel tient levé sur ta tête.
1035 Je l'en puis détourner, et je t'y vais offrir ?
Non, tu ne mourras point, je ne le puis souffrir.
Allons trouver Pyrrhus. Mais non, chère Céphise,
Va le trouver pour moi.

CÉPHISE

Que faut-il que je dise ?

ANDROMAQUE

Dis-lui que de mon fils l'amour est assez fort...
1040 Crois-tu que dans son cœur il ait juré sa mort ?
L'amour peut-il si loin pousser sa barbarie ?

CÉPHISE

Madame, il va bientôt revenir en furie.

ANDROMAQUE

Eh bien, va l'assurer...

CÉPHISE

De quoi ? de votre foi ?

ANDROMAQUE

Hélas ! pour la promettre est-elle encore à moi ?
Ô cendres d'un époux ! ô Troyens ! ô mon père ! 1045
Ô mon fils, que tes jours coûtent cher à ta mère !
Allons.

CÉPHISE

Où donc, Madame, et que résolvez-vous ?

ANDROMAQUE

Allons sur son tombeau consulter mon époux.

ACTE QUATRIÈME

SCÈNE I

ANDROMAQUE, CÉPHISE

CÉPHISE

Ah ! je n'en doute point : c'est votre époux, Madame,
1050 C'est Hector qui produit ce miracle en votre âme.
Il veut que Troie encor se puisse relever,
Avec cet heureux fils, qu'il vous fait conserver.
Pyrrhus vous l'a promis. Vous venez de l'entendre,
Madame : il n'attendait qu'un mot pour vous le rendre.
1055 Croyez-en ses transports : père, sceptre, alliés,
Content de votre cœur, il met tout à vos pieds.
Sur lui, sur tout son peuple il vous rend souveraine.
Est-ce là ce vainqueur digne de tant de haine ?
Déjà contre les Grecs plein d'un noble courroux,
1060 Le soin de votre fils le touche autant que vous.
Il prévient leur fureur, il lui laisse sa garde ;
Pour ne pas l'exposer, lui-même il se hasarde.

Mais tout s'apprête au temple. Et vous avez promis.

ANDROMAQUE

Oui, je m'y trouverai. Mais allons voir mon fils.

CÉPHISE

Madame, qui vous presse ? Il suffit que sa vue 1065
Désormais à vos yeux ne soit plus défendue.
Vous lui pourrez bientôt prodiguer vos bontés,
Et vos embrassements ne seront plus comptés.
Quel plaisir d'élever un enfant qu'on voit craître,
Non plus comme un esclave élevé pour son maître, 1070
Mais pour voir avec lui renaître tant de rois !

ANDROMAQUE

Céphise, allons le voir pour la dernière fois.

CÉPHISE

Que dites-vous ? Ô dieux !

ANDROMAQUE

Ô ma chère Céphise,
Ce n'est point avec toi que mon cœur se déguise.
Ta foi, dans mon malheur, s'est montrée à mes yeux ; 1075
Mais j'ai cru qu'à mon tour tu me connaissais mieux.
Quoi donc ? as-tu pensé qu'Andromaque infidèle
Pût trahir un époux qui croit revivre en elle,
Et que de tant de morts réveillant la douleur,
Le soin de mon repos me fît troubler le leur ? 1080
Est-ce là cette ardeur tant promise à sa cendre ?

Mais son fils périssait ; il l'a fallu défendre.
Pyrrhus en m'épousant s'en déclare l'appui ;
Il suffit : je veux bien m'en reposer sur lui.
1085 Je sais quel est Pyrrhus : violent, mais sincère,
Céphise, il fera plus qu'il n'a promis de faire.
Sur le courroux des Grecs je m'en repose encor :
Leur haine va donner un père au fils d'Hector.
Je vais donc, puisqu'il faut que je me sacrifie,
1090 Assurer à Pyrrhus le reste de ma vie ;
Je vais en recevant sa foi sur les autels,
L'engager à mon fils par des nœuds immortels.
Mais aussitôt ma main, à moi seule funeste,
D'une infidèle vie abrégera le reste,
1095 Et sauvant ma vertu rendra ce que je doi,
À Pyrrhus, à mon fils, à mon époux, à moi.
Voilà de mon amour l'innocent stratagème ;
Voilà ce qu'un époux m'a commandé lui-même ;
J'irai seule rejoindre Hector, et mes aïeux.
1100 Céphise, c'est à toi de me fermer les yeux.

CÉPHISE

Ah ! ne prétendez pas que je puisse survivre.

ANDROMAQUE

Non, non, je te défends, Céphise, de me suivre.
Je confie à tes soins mon unique trésor.
Si tu vivais pour moi, vis pour le fils d'Hector.
1105 De l'espoir des Troyens seule dépositaire,
Songe à combien de rois tu deviens nécessaire.

Veille auprès de Pyrrhus ; fais-lui garder sa foi :
S'il le faut, je consens qu'on lui parle de moi ;
Fais-lui valoir l'hymen où je me suis rangée ;
Dis-lui qu'avant ma mort je lui fus engagée, 1110
Que ses ressentiments doivent être effacés,
Qu'en lui laissant mon fils, c'est l'estimer assez.
Fais connaître à mon fils les héros de sa race ;
Autant que tu pourras, conduis-le sur leur trace :
Dis-lui par quels exploits leurs noms ont éclaté, 1115
Plutôt ce qu'ils ont fait que ce qu'ils ont été [1],
Parle-lui tous les jours des vertus de son père,
Et quelquefois aussi parle-lui de sa mère.
Mais qu'il ne songe plus, Céphise, à nous venger :
Nous lui laissons un maître, il le doit ménager. 1120
Qu'il ait de ses aïeux un souvenir modeste [2] :
Il est du sang d'Hector, mais il en est le reste ;
Et pour ce reste enfin j'ai moi-même, en un jour,
Sacrifié mon sang, ma haine, et mon amour.

1. Chateaubriand, *Génie du christianisme*, éd. cit., IIe partie, livre II, chapitre VI, p. 666 : « De tels préceptes sont directement opposés au cri de l'orgueil : on y voit la nature corrigée, la nature plus belle, la nature évangélique. Cette humilité que le christianisme a répandue dans les sentiments, et qui a changé pour nous le rapport des passions [...], perce à travers tout le rôle de la moderne Andromaque », etc.

2. *Ibid.*, p. 665 : « Qui ne reconnaît la chrétienne ? C'est le *deposuit potentes de sede* "il a détrôné les puissants". L'antiquité ne parle pas de la sorte, car elle n'imite que les sentiments *naturels* ; or, les sentiments exprimés dans ces vers de Racine *ne sont point purement dans la nature* ; ils contredisent au contraire la voix du cœur », etc.

CÉPHISE

1125 Hélas !

ANDROMAQUE

Ne me suis point, si ton cœur en alarmes
Prévoit qu'il ne pourra commander à tes larmes.
On vient. Cache tes pleurs, Céphise, et souviens-toi
Que le sort d'Andromaque est commis à ta foi.
C'est Hermione. Allons, fuyons sa violence.

SCÈNE II

HERMIONE, CLÉONE

CLÉONE

1130 Non, je ne puis assez admirer ce silence.
Vous vous taisez, Madame, et ce cruel mépris
N'a pas du moindre trouble agité vos esprits ?
Vous soutenez en paix une si rude attaque,
Vous qu'on voyait frémir au seul nom
[d'Andromaque ?
1135 Vous qui sans désespoir ne pouviez endurer
Que Pyrrhus d'un regard la voulût honorer ?
Il l'épouse, il lui donne avec son diadème
La foi que vous venez de recevoir vous-même ;
Et votre bouche encor muette à tant d'ennui,
1140 N'a pas daigné s'ouvrir pour se plaindre de lui ?
Ah ! que je crains, Madame, un calme si funeste !

Et qu'il vaudrait bien mieux...

HERMIONE

Fais-tu venir Oreste ?

CLÉONE

Il vient, Madame, il vient. Et vous pouvez juger
Que bientôt à vos pieds il allait se ranger ;
Prêt à servir toujours sans espoir de salaire, 1145
Vos yeux ne sont que trop assurés de lui plaire.
Mais il entre.

SCÈNE III

ORESTE, HERMIONE, CLÉONE

ORESTE

Ah ! Madame ! est-il vrai qu'une fois
Oreste en vous cherchant obéisse à vos lois ?
Ne m'a-t-on point flatté d'une fausse espérance ?
Avez-vous en effet souhaité ma présence ? 1150
Croirai-je que vos yeux à la fin désarmés
Veulent...

HERMIONE

Je veux savoir, Seigneur, si vous m'aimez.

ORESTE

Si je vous aime ? ô dieux ! mes serments, mes parjures,
Ma fuite, mon retour, mes respects, mes injures,
1155 Mon désespoir, mes yeux de pleurs toujours noyés,
Quels témoins croirez-vous, si vous ne les croyez ?

HERMIONE

Vengez-moi, je crois tout.

ORESTE

Eh bien ! allons, Madame :
Mettons encore un coup toute la Grèce en flamme ;
Prenons, en signalant mon bras, et votre nom,
1160 Vous la place d'Hélène, et moi d'Agamemnon.
De Troie en ce pays réveillons les misères,
Et qu'on parle de nous ainsi que de nos pères.
Partons, je suis tout prêt.

HERMIONE

Non, Seigneur, demeurons :
Je ne veux pas si loin porter de tels affronts.
1165 Quoi ! de mes ennemis couronnant l'insolence,
J'irais attendre ailleurs une lente vengeance,
Et je m'en remettrais au destin des combats,
Qui peut-être à la fin ne me vengerait pas ?
Je veux qu'à mon départ toute l'Épire pleure.
1170 Mais si vous me vengez, vengez-moi dans une heure.
Tous vos retardements sont pour moi des refus.

Courez au temple. Il faut immoler...

ORESTE

Qui ?

HERMIONE

Pyrrhus.

ORESTE

Pyrrhus, Madame ?

HERMIONE

Eh quoi ! votre haine chancelle ?
Ah ! courez, et craignez que je ne vous rappelle.
N'alléguez point des droits que je veux oublier ; 1175
Et ce n'est pas à vous à le justifier.

ORESTE

Moi, je l'excuserais ? Ah ! vos bontés, Madame,
Ont gravé trop avant ses crimes dans mon âme.
Vengeons-nous, j'y consens. Mais par d'autres
[chemins :
Soyons ses ennemis, et non ses assassins ; 1180
Faisons de sa ruine une juste conquête.
Quoi ! pour réponse aux Grecs porterai-je sa tête ?
Et n'ai-je pris sur moi le soin de tout l'État,
Que pour m'en acquitter par un assassinat ?
Souffrez, au nom des dieux, que la Grèce s'explique, 1185
Et qu'il meure chargé de la haine publique.
Souvenez-vous qu'il règne, et qu'un front couronné...

HERMIONE

Ne vous suffit-il pas que je l'ai condamné ?
Ne vous suffit-il pas que ma gloire offensée
1190 Demande une victime à moi seule adressée ;
Qu'Hermione est le prix d'un tyran opprimé,
Que je le hais, enfin, Seigneur, que je l'aimai [1] ?
Je ne m'en cache point : l'ingrat m'avait su plaire,
Soit qu'ainsi l'ordonnât mon amour ou mon père,
1195 N'importe ; mais enfin réglez-vous là-dessus.
Malgré mes vœux, Seigneur, honteusement déçus,
Malgré la juste horreur que son crime me donne,
Tant qu'il vivra, craignez que je ne lui pardonne.
Doutez jusqu'à sa mort d'un courroux incertain :
1200 S'il ne meurt aujourd'hui, je puis l'aimer demain.

ORESTE

Eh bien, il faut le perdre, et prévenir sa grâce ;
Il faut... Mais cependant que faut-il que je fasse ?
Comment puis-je si tôt servir votre courroux ?
Quel chemin jusqu'à lui peut conduire mes coups ?
1205 À peine suis-je encore arrivé dans l'Épire,

1. Voltaire observe dans son *Commentaire sur Corneille*, éd. cit., pp. 427-428 : « Il me paraît prouvé que Racine a puisé toute l'ordonnance de sa tragédie d'*Andromaque* dans ce second acte de *Pertharite*. Dès la première scène vous voyez Eduige qui est avec son Garibalde précisément dans la même situation qu'Hermione avec Oreste. » Cf. *Pertharite*, II, 1, v. 395-408.

Vous voulez par mes mains renverser un empire ;
Vous voulez qu'un roi meure, et pour son châtiment
Vous ne donnez qu'un jour, qu'une heure, qu'un
[moment.
Aux yeux de tout son peuple, il faut que je l'opprime ?
Laissez-moi vers l'autel conduire ma victime. 1210
Je ne m'en défends plus ; et je ne veux qu'aller
Reconnaître la place où je dois l'immoler.
Cette nuit je vous sers. Cette nuit je l'attaque.

HERMIONE

Mais cependant ce jour il épouse Andromaque.
Dans le temple déjà le trône est élevé. 1215
Ma honte est confirmée, et son crime achevé.
Enfin qu'attendez-vous ? Il vous offre sa tête :
Sans gardes, sans défense il marche à cette fête ;
Autour du fils d'Hector il les fait tous ranger ;
Il s'abandonne au bras qui me voudra venger. 1220
Voulez-vous malgré lui prendre soin de sa vie ?
Armez avec vos Grecs tous ceux qui m'ont suivie ;
Soulevez vos amis. Tous les miens sont à vous :
Il me trahit, vous trompe, et nous méprise tous.
Mais quoi ? Déjà leur haine est égale à la mienne : 1225
Elle épargne à regret l'époux d'une Troyenne.
Parlez : mon ennemi ne vous peut échapper.
Ou plutôt, il ne faut que les laisser frapper.
Conduisez, ou suivez une fureur si belle ;

1230 Revenez tout couvert du sang de l'infidèle ;
Allez : en cet état soyez sûr de mon cœur.

ORESTE

Mais, Madame, songez...

HERMIONE

Ah ! c'en est trop, Seigneur.
Tant de raisonnements offensent ma colère.
J'ai voulu vous donner les moyens de me plaire,
1235 Rendre Oreste content ; mais enfin je vois bien
Qu'il veut toujours se plaindre, et ne mériter rien.
Partez : allez ailleurs vanter votre constance,
Et me laissez ici le soin de ma vengeance.
De mes lâches bontés mon courage est confus,
1240 Et c'est trop en un jour essuyer de refus.
Je m'en vais seule au temple, où leur hymen s'apprête,
Où vous n'osez aller mériter ma conquête.
Là, de mon ennemi je saurai m'approcher.
Je percerai le cœur que je n'ai pu toucher[1],
1245 Et mes sanglantes mains, sur moi-même tournées,
Aussitôt, malgré lui, joindront nos destinées,
Et tout ingrat qu'il est, il me sera plus doux
De mourir avec lui que de vivre avec vous.

1. Subligny, dans *La Folle Querelle*, II, 9 (*loc. cit.*, t. III, p. 524), accuse ici Racine d'avoir plagié *Cinna*, III, 4, v. 931-932, 1013-1018, 1039-1042, etc.

ORESTE

Non, je vous priverai de ce plaisir funeste,
Madame : il ne mourra que de la main d'Oreste. 1250
Vos ennemis par moi vont vous être immolés,
Et vous reconnaîtrez mes soins, si vous voulez [1].

HERMIONE

Allez. De votre sort laissez-moi la conduite,
Et que tous vos vaisseaux soient prêts pour notre fuite.

SCÈNE IV

HERMIONE, CLÉONE

CLÉONE

Vous vous perdez, Madame. Et vous devez songer... 1255

HERMIONE

Que je me perde ou non, je songe à me venger.
Je ne sais même encor, quoi qu'il m'ait pu promettre,
Sur d'autres que sur moi si je dois m'en remettre :
Pyrrhus n'est pas coupable à ses yeux comme aux
[miens,

1. Var. 1668-1676. Après ce vers, on lisait :

Mais que dis-je ? Ah ! plutôt permettez que j'espère.
Excusez un amant que trouble sa misère,
Qui tout près d'être heureux, envie encor le sort
D'un ingrat, condamné par vous-même à la mort.

1260 Et je tiendrais mes coups bien plus sûrs que les siens.
Quel plaisir de venger moi-même mon injure,
De retirer mon bras teint du sang du parjure,
Et pour rendre sa peine et mes plaisirs plus grands,
De cacher ma rivale à ses regards mourants !
1265 Ah ! si du moins Oreste, en punissant son crime,
Lui laissait le regret de mourir ma victime !
Va le trouver : dis-lui qu'il apprenne à l'ingrat
Qu'on l'immole à ma haine, et non pas à l'État.
Chère Cléone, cours : ma vengeance est perdue
1270 S'il ignore en mourant que c'est moi qui le tue[1].

CLÉONE

Je vous obéirai. Mais qu'est-ce que je voi ?
Ô dieux ! qui l'aurait cru, Madame ? C'est le roi.

HERMIONE

Ah ! cours après Oreste ; et dis-lui, ma Cléone,
Qu'il n'entreprenne rien sans revoir Hermione !

1. Cf. les v. 101-102 dans *Cinna* (I, 2), dont Voltaire dit, dans son *Commentaire sur Corneille* (éd. cit., p. 111) : « Ce sentiment atroce et ces beaux vers ont été imités par Racine dans *Andromaque*. »

SCÈNE V

PYRRHUS, HERMIONE, PHŒNIX

PYRRHUS

Vous ne m'attendiez pas, Madame, et je vois bien 1275
Que mon abord ici trouble votre entretien.
Je ne viens point armé d'un indigne artifice
D'un voile d'équité couvrir mon injustice :
Il suffit que mon cœur me condamne tout bas,
Et je soutiendrais mal ce que je ne crois pas. 1280
J'épouse une Troyenne. Oui, Madame, et j'avoue
Que je vous ai promis la foi que je lui voue.
Un autre vous dirait que dans les champs troyens
Nos deux pères sans nous formèrent ces liens,
Et que sans consulter ni mon choix ni le vôtre, 1285
Nous fûmes sans amour engagés l'un à l'autre ;
Mais c'est assez pour moi que je me sois soumis.
Par mes ambassadeurs mon cœur vous fut promis ;
Loin de les révoquer, je voulus y souscrire :
Je vous vis avec eux arriver en Épire, 1290
Et quoique d'un autre œil l'éclat victorieux
Eût déjà prévenu le pouvoir de vos yeux,
Je ne m'arrêtai point à cette ardeur nouvelle ;
Je voulus m'obstiner à vous être fidèle :
Je vous reçus en reine, et jusques à ce jour 1295
J'ai cru que mes serments me tiendraient lieu d'amour.
Mais cet amour l'emporte. Et par un coup funeste,
Andromaque m'arrache un cœur qu'elle déteste.

L'un par l'autre entraînés, nous courons à l'autel
1300 Nous jurer, malgré nous, un amour immortel.
Après cela, Madame, éclatez contre un traître,
Qui l'est avec douleur, et qui pourtant veut l'être.
Pour moi, loin de contraindre un si juste courroux,
Il me soulagera peut-être autant que vous.
1305 Donnez-moi tous les noms destinés aux parjures :
Je crains votre silence, et non pas vos injures,
Et mon cœur soulevant mille secrets témoins
M'en dira d'autant plus que vous m'en direz moins.

HERMIONE

Seigneur, dans cet aveu dépouillé d'artifice,
1310 J'aime à voir que du moins vous vous rendiez justice,
Et que voulant bien rompre un nœud si solennel,
Vous vous abandonniez au crime en criminel.
Est-il juste après tout qu'un conquérant s'abaisse
Sous la servile loi de garder sa promesse ?
1315 Non, non, la perfidie a de quoi vous tenter ;
Et vous ne me cherchez que pour vous en vanter.
Quoi ? Sans que ni serment ni devoir vous retienne,
Rechercher une Grecque, amant d'une Troyenne ?
Me quitter, me reprendre, et retourner encor
1320 De la fille d'Hélène à la veuve d'Hector ?
Couronner tour à tour l'esclave, et la princesse,
Immoler Troie aux Grecs, au fils d'Hector la Grèce ?
Tout cela part d'un cœur toujours maître de soi,
D'un héros qui n'est point esclave de sa foi.

Pour plaire à votre épouse, il vous faudrait peut-être 1325
Prodiguer les doux noms de parjure, et de traître.
Vous veniez de mon front observer la pâleur,
Pour aller dans ses bras rire de ma douleur.
Pleurante après son char vous voulez qu'on me voie ;
Mais, Seigneur, en un jour ce serait trop de joie ; 1330
Et sans chercher ailleurs des titres empruntés,
Ne vous suffit-il pas de ceux que vous portez ?
Du vieux père d'Hector la valeur abattue
Aux pieds de sa famille expirante à sa vue,
Tandis que dans son sein votre bras enfoncé 1335
Cherche un reste de sang que l'âge avait glacé ;
Dans des ruisseaux de sang Troie ardente plongée,
De votre propre main Polyxène égorgée
Aux yeux de tous les Grecs indignés contre vous,
Que peut-on refuser à ces généreux coups ? 1340

PYRRHUS

Madame, je sais trop à quels excès de rage
La vengeance d'Hélène emporta mon courage.
Je puis me plaindre à vous du sang que j'ai versé ;
Mais enfin je consens d'oublier le passé.
Je rends grâces au ciel que votre indifférence 1345
De mes heureux soupirs m'apprenne l'innocence.
Mon cœur, je le vois bien, trop prompt à se gêner,
Devait mieux vous connaître et mieux s'examiner.
Mes remords vous faisaient une injure mortelle.
Il faut se croire aimé pour se croire infidèle. 1350

Vous ne prétendiez point m'arrêter dans vos fers :
Je crains de vous trahir, peut-être je vous sers.
Nos cœurs n'étaient point faits dépendants l'un de
[l'autre ;
Je suivais mon devoir, et vous cédiez au vôtre ;
1355 Rien ne vous engageait à m'aimer en effet.

HERMIONE

Je ne t'ai point aimé, cruel ? Qu'ai-je donc fait ?
J'ai dédaigné pour toi les vœux de tous nos princes,
Je t'ai cherché moi-même au fond de tes provinces.
J'y suis encor, malgré tes infidélités,
1360 Et malgré tous mes Grecs honteux de mes bontés.
Je leur ai commandé de cacher mon injure ;
J'attendais en secret le retour d'un parjure ;
J'ai cru que tôt ou tard, à ton devoir rendu,
Tu me rapporterais un cœur qui m'était dû.
1365 Je t'aimais inconstant, qu'aurais-je fait fidèle [1] ?
Et même en ce moment, où ta bouche cruelle
Vient si tranquillement m'annoncer le trépas,
Ingrat, je doute encor si je ne t'aime pas.

1. Boileau, le 2 août 1703, écrit à Brossette (*Œuvres complètes* de Boileau, éd. Antoine Adam et Françoise Escal, 1966, p. 678) : « Où en serait M. Racine si on allait lui chicaner ce beau vers [...] qui dit si bien, et avec une vitesse si heureuse : *Je t'aimais lorsque tu étais inconstant, qu'eussé-je donc fait si tu avais été fidèle ?* Ces sortes de petites licences de construction, non seulement ne sont pas des fautes, mais sont même assez souvent un des plus grands charmes de la poésie [...]. »

Mais, Seigneur, s'il le faut, si le ciel en colère
Réserve à d'autres yeux la gloire de vous plaire, 1370
Achevez votre hymen, j'y consens ; mais du moins
Ne forcez pas mes yeux d'en être les témoins.
Pour la dernière fois je vous parle peut-être.
Différez-le d'un jour, demain vous serez maître.
Vous ne répondez point ? Perfide, je le voi, 1375
Tu comptes les moments que tu perds avec moi.
Ton cœur, impatient de revoir ta Troyenne,
Ne souffre qu'à regret qu'un autre t'entretienne.
Tu lui parles du cœur, tu la cherches des yeux.
Je ne te retiens plus, sauve-toi de ces lieux, 1380
Va lui jurer la foi que tu m'avais jurée,
Va profaner des dieux la majesté sacrée.
Ces dieux, ces justes dieux n'auront pas oublié
Que les mêmes serments avec moi t'ont lié.
Porte au pied des autels ce cœur qui m'abandonne. 1385
Va, cours ; mais crains encor d'y trouver Hermione.

SCÈNE VI

PYRRHUS, PHŒNIX

PHŒNIX

Seigneur, vous entendez. Gardez de négliger
Une amante en fureur, qui cherche à se venger.
Elle n'est en ces lieux que trop bien appuyée :

1390 La querelle des Grecs à la sienne est liée ;
Oreste l'aime encore. Et peut-être à ce prix...

PYRRHUS

Andromaque m'attend. Phœnix, garde son fils.

ACTE CINQUIÈME

SCÈNE I

HERMIONE, *seule.*

Où suis-je ? Qu'ai-je fait ? Que dois-je faire encore ?
Quel transport me saisit ? Quel chagrin me dévore ?
Errante, et sans dessein, je cours dans ce palais. 1395
Ah ! ne puis-je savoir si j'aime, ou si je hais ?
Le cruel ! de quel œil il m'a congédiée !
Sans pitié, sans douleur au moins étudiée.
L'ai-je vu se troubler et me plaindre un moment ?
En ai-je pu tirer un seul gémissement ? 1400
Muet à mes soupirs, tranquille à mes alarmes,
Semblait-il seulement qu'il eût part à mes larmes ?
Et je le plains encore ? Et pour comble d'ennui
Mon cœur, mon lâche cœur s'intéresse pour lui ?
Je tremble au seul penser du coup qui le menace ? 1405
Et prête à me venger, je lui fais déjà grâce ?
Non, ne révoquons point l'arrêt de mon courroux :

Qu'il périsse. Aussi bien il ne vit plus pour nous.
Le perfide triomphe, et se rit de ma rage :
1410 Il pense voir en pleurs dissiper cet orage ;
Il croit que toujours faible et d'un cœur incertain,
Je parerai d'un bras les coups de l'autre main.
Il juge encor de moi par mes bontés passées.
Mais plutôt le perfide a bien d'autres pensées :
1415 Triomphant dans le temple, il ne s'informe pas
Si l'on souhaite ailleurs sa vie, ou son trépas.
Il me laisse, l'ingrat ! cet embarras funeste.
Non, non, encore un coup, laissons agir Oreste.
Qu'il meure, puisque enfin il a dû le prévoir,
1420 Et puisqu'il m'a forcée enfin à le vouloir.
À le vouloir ? Hé quoi ? C'est donc moi qui
[l'ordonne ?
Sa mort sera l'effet de l'amour d'Hermione ?
Ce prince, dont mon cœur se faisait autrefois,
Avec tant de plaisir, redire les exploits,
1425 À qui même en secret je m'étais destinée
Avant qu'on eût conclu ce fatal hyménée,
Je n'ai donc traversé tant de mers, tant d'États,
Que pour venir si loin préparer son trépas,
L'assassiner, le perdre ? Ah ! devant qu'il expire...

SCÈNE II

HERMIONE, CLÉONE

HERMIONE

Ah ! qu'ai-je fait, Cléone ? Et que viens-tu me dire ? 1430
Que fait Pyrrhus ?

CLÉONE

Il est au comble de ses vœux,
Le plus fier des mortels, et le plus amoureux.
Je l'ai vu vers le temple, où son hymen s'apprête,
Mener en conquérant sa nouvelle conquête,
Et d'un œil où brillaient sa joie et son espoir, 1435
S'enivrer, en marchant, du plaisir de la voir.
Andromaque, au travers de mille cris de joie,
Porte jusqu'aux autels le souvenir de Troie.
Incapable toujours d'aimer et de haïr,
Sans joie, et sans murmure elle semble obéir. 1440

HERMIONE

Et l'ingrat ? Jusqu'au bout il a poussé l'outrage ?
Mais as-tu bien, Cléone, observé son visage ?
Goûte-t-il des plaisirs tranquilles et parfaits ?
N'a-t-il point détourné ses yeux vers le palais ?
Dis-moi, ne t'es-tu point présentée à sa vue ? 1445
L'ingrat a-t-il rougi lorsqu'il t'a reconnue ?
Son trouble avouait-il son infidélité ?
A-t-il jusqu'à la fin soutenu sa fierté ?

CLÉONE

Madame, il ne voit rien. Son salut, et sa gloire
1450 Semblent être avec vous sortis de sa mémoire.
Sans songer qui le suit, ennemis ou sujets,
Il poursuit seulement ses amoureux projets.
Autour du fils d'Hector il a rangé sa garde,
Et croit que c'est lui seul que le péril regarde.
1455 Phœnix même en répond, qui l'a conduit exprès
Dans un fort éloigné du temple et du palais.
Voilà, dans ses transports, le seul soin qui lui reste.

HERMIONE

Le perfide ! Il mourra. Mais que t'a dit Oreste ?

CLÉONE

Oreste, avec ses Grecs, dans le temple est entré.

HERMIONE

1460 Hé bien ? à me venger n'est-il pas préparé ?

CLÉONE

Je ne sais.

HERMIONE

Tu ne sais ? Quoi donc ? Oreste encore,
Oreste me trahit ?

CLÉONE

Oreste vous adore.
Mais de mille remords son esprit combattu
Croit tantôt son amour, et tantôt sa vertu.
Il respecte en Pyrrhus l'honneur du diadème ; 1465
Il respecte en Pyrrhus Achille, et Pyrrhus même ;
Il craint la Grèce, il craint l'univers en courroux.
Mais il se craint, dit-il, soi-même plus que tous.
Il voudrait en vainqueur vous apporter sa tête ;
Le seul nom d'assassin l'épouvante et l'arrête. 1470
Enfin il est entré, sans savoir dans son cœur
S'il en devait sortir coupable, ou spectateur.

HERMIONE

Non, non, il les verra triompher sans obstacle,
Il se gardera bien de troubler ce spectacle.
Je sais de quels remords son courage est atteint : 1475
Le lâche craint la mort, et c'est tout ce qu'il craint.
Quoi ? sans qu'elle employât une seule prière,
Ma mère en sa faveur arma la Grèce entière ?
Ses yeux pour leur querelle, en dix ans de combats,
Virent périr vingt rois qu'ils ne connaissaient pas ? 1480
Et moi je ne prétends que la mort d'un parjure,
Et je charge un amant du soin de mon injure,
Il peut me conquérir à ce prix, sans danger,
Je me livre moi-même, et ne puis me venger ?
Allons : c'est à moi seule, à me rendre justice. 1485
Que de cris de douleur le temple retentisse ;

De leur hymen fatal troublons l'événement,
Et qu'ils ne soient unis, s'il se peut, qu'un moment.
Je ne choisirai point dans ce désordre extrême :
1490 Tout me sera Pyrrhus, fût-ce Oreste lui-même.
Je mourrai ; mais au moins ma mort me vengera,
Je ne mourrai pas seule, et quelqu'un me suivra.

SCÈNE III

ORESTE, HERMIONE, CLÉONE

ORESTE

Madame, c'en est fait, et vous êtes servie :
Pyrrhus rend à l'autel son infidèle vie.

HERMIONE

1495 Il est mort ?

ORESTE

Il expire ; et nos Grecs irrités[1]
Ont lavé dans son sang ses infidélités.
Je vous l'avais promis ; et quoique mon courage
Se fît de ce complot une funeste image,
J'ai couru vers le temple, où nos Grecs dispersés
1500 Se sont jusqu'à l'autel dans la foule glissés.
Pyrrhus m'a reconnu. Mais sans changer de face,

1. Voir l'Appendice, pp. 157-161.

Il semblait que ma vue excitât son audace,
Que tous les Grecs bravés en leur ambassadeur
Dussent de son hymen relever la splendeur.
Enfin, avec transport prenant son diadème, 1505
Sur le front d'Andromaque il l'a posé lui-même :
Je vous donne, a-t-il dit, ma couronne et ma foi,
Andromaque, régnez sur l'Épire et sur moi.
Je voue à votre fils une amitié de père,
J'en atteste les dieux, je le jure à sa mère : 1510
Pour tous mes ennemis je déclare les siens,
Et je le reconnais pour le roi des Troyens.
À ces mots, qui du peuple attiraient le suffrage,
Nos Grecs n'ont répondu que par un cri de rage ;
L'infidèle s'est vu partout envelopper, 1515
Et je n'ai pu trouver de place pour frapper.
Chacun se disputait la gloire de l'abattre.
Je l'ai vu dans leurs mains quelque temps se débattre,
Tout sanglant à leurs coups vouloir se dérober,
Mais enfin à l'autel il est allé tomber [1]. 1520
Du peuple épouvanté j'ai traversé la presse
Pour venir de ces lieux enlever ma princesse,
Et regagner le port, où bientôt nos amis [2]
Viendront couverts du sang que je vous ai promis.

1. On peut comparer ce récit avec celui du messager, dans l'*Andromaque* d'Euripide (v. 1085-1165), où l'épisode se situe à Delphes, non à Buthrote. Racine condense, mais conserve les principales péripéties.

2. Voir l'Appendice, pp. 160-161.

HERMIONE

1525 Qu'ont-ils fait !

ORESTE

Pardonnez à leur impatience :
Ils ont, je le vois bien, trahi votre vengeance.
Vous vouliez que ma main portât les premiers coups,
Qu'il sentît en mourant qu'il expirait pour vous ;
Mais c'est moi dont l'ardeur leur a servi d'exemple :
1530 Je les ai pour vous seule entraînés dans le temple,
Madame, et vous pouvez justement vous flatter
D'une mort que leurs bras n'ont fait qu'exécuter.
Vous seule avez poussé les coups...

HERMIONE

Tais-toi, perfide.
Et n'impute qu'à toi ton lâche parricide.
1535 Va faire chez tes Grecs admirer ta fureur,
Va, je la désavoue, et tu me fais horreur.
Barbare, qu'as-tu fait ? Avec quelle furie
As-tu tranché le cours d'une si belle vie ?
Avez-vous pu, cruels, l'immoler aujourd'hui,
1540 Sans que tout votre sang se soulevât pour lui ?
Mais parle : de son sort qui t'a rendu l'arbitre ?
Pourquoi l'assassiner ? Qu'a-t-il fait ? À quel titre ?
Qui te l'a dit ?

ORESTE

Ô dieux ! Quoi ? ne m'avez-vous pas
Vous-même, ici, tantôt, ordonné son trépas ?

HERMIONE

Ah ! fallait-il en croire une amante insensée ? 1545
Ne devais-tu pas lire au fond de ma pensée ?
Et ne voyais-tu pas dans mes emportements
Que mon cœur démentait ma bouche à tous moments ?
Quand je l'aurais voulu, fallait-il y souscrire ?
N'as-tu pas dû cent fois te le faire redire, 1550
Toi-même avant le coup me venir consulter,
Y revenir encore, ou plutôt m'éviter ?
Que ne me laissais-tu le soin de ma vengeance ?
Qui t'amène en des lieux où l'on fuit ta présence ?
Voilà de ton amour le détestable fruit : 1555
Tu m'apportais, cruel, le malheur qui te suit.
C'est toi dont l'ambassade, à tous les deux fatale,
L'a fait pour son malheur pencher vers ma rivale.
Nous le verrions encor nous partager ses soins ;
Il m'aimerait peut-être, il le feindrait du moins. 1560
Adieu. Tu peux partir. Je demeure en Épire :
Je renonce à la Grèce, à Sparte, à son empire,
À toute ma famille ; et c'est assez pour moi,
Traître, qu'elle ait produit un monstre comme toi [1].

1. Var. 1668. Après ce vers, on lisait :

Allons, Madame, allons. C'est moi qui vous délivre.
Pyrrhus ainsi l'ordonne, et vous pouvez me suivre.

SCÈNE IV

ORESTE, *seul.*

1565 Que vois-je ? Est-ce Hermione ? Et que viens-je [d'entendre ?
Pour qui coule le sang que je viens de répandre ?
Je suis, si je l'en crois, un traître, un assassin.
Est-ce Pyrrhus qui meurt ? et suis-je Oreste enfin ?
Quoi ? j'étouffe en mon cœur la raison qui m'éclaire.
1570 J'assassine à regret un roi que je révère,
Je viole en un jour les droits des souverains,
Ceux des ambassadeurs, et tous ceux des humains ;
Ceux même des autels, où ma fureur l'assiège :
Je deviens parricide, assassin, sacrilège.
1575 Pour qui ? pour une ingrate, à qui je le promets,
Qui même, s'il ne meurt, ne me verra jamais,
Dont j'épouse la rage. Et quand je l'ai servie,
Elle me redemande et son sang et sa vie !
Elle l'aime ! et je suis un monstre furieux !
1580 Je la vois pour jamais s'éloigner de mes yeux.
Et l'ingrate, en fuyant, me laisse pour salaire
Tous les noms odieux que j'ai pris pour lui plaire !

De nos derniers devoirs allons nous dégager.
Montrons qui de nous deux saura mieux le venger.

SCÈNE V

ORESTE, PYLADE, Soldats d'Oreste

PYLADE

Il faut partir, Seigneur. Sortons de ce palais,
Ou bien résolvons-nous de n'en sortir jamais.
Nos Grecs pour un moment en défendent la porte ; 1585
Tout le peuple assemblé nous poursuit à main-forte ;
Aux ordres d'Andromaque ici tout est soumis,
Ils la traitent en reine, et nous comme ennemis.
Andromaque elle-même, à Pyrrhus si rebelle,
Lui rend tous les devoirs d'une veuve fidèle, 1590
Commande qu'on le venge, et peut-être sur nous
Veut venger Troie encore et son premier époux.
Allons. N'attendons pas que l'on nous environne :
Nos Grecs nous rejoindront ; et tandis qu'Hermione
Tient encore le peuple autour d'elle arrêté, 1595
Voilà notre chemin, sortons en sûreté.

ORESTE

Non, non, c'est Hermione, amis, que je veux suivre.
À son dernier arrêt je ne puis plus survivre.
Partez : j'ai fait le crime, et je vais l'expier.

PYLADE

Hermione, Seigneur ? Il la faut oublier. 1600
Quoi ! toujours l'instrument et l'objet de sa rage,
Cherchez-vous chez les morts quelque nouvel outrage ?
Et parce qu'elle meurt faut-il que vous mouriez ?

ORESTE

Elle meurt ? Dieux ! qu'entends-je ?

PYLADE

Eh quoi ? vous l'ignoriez ?

1605 En rentrant dans ces lieux nous l'avons rencontrée
Qui courait vers le temple, inquiète, égarée.
Elle a trouvé Pyrrhus porté sur des soldats
Que son sang excitait à venger son trépas.
Sans doute à cet objet sa rage s'est émue.
1610 Mais du haut de la porte enfin nous l'avons vue,
Un poignard à la main, sur Pyrrhus se courber,
Lever les yeux au ciel, se frapper et tomber.

ORESTE

Grâce aux dieux ! Mon malheur passe mon espérance.
Oui, je te loue, ô ciel ! de ta persévérance.
1615 Appliqué sans relâche au soin de me punir,
Au comble des douleurs tu m'as fait parvenir.
Ta haine a pris plaisir à former ma misère ;
J'étais né pour servir d'exemple à ta colère,
Pour être du malheur un modèle accompli.
1620 Hé bien, je meurs content, et mon sort est rempli.
Où sont ces deux amants ? Pour couronner ma joie,
Dans leur sang, dans le mien, il faut que je me noie ;
L'un et l'autre en mourant je les veux regarder :
Réunissons trois cœurs qui n'ont pu s'accorder.

Mais quelle épaisse nuit tout à coup m'environne ? 1625
De quel côté sortir ? D'où vient que je frissonne ?
Quelle horreur me saisit ? Grâce au ciel j'entrevoi.
Dieux[1] ! quels ruisseaux de sang coulent autour de
[moi !

PYLADE

Ah ! Seigneur !

ORESTE

Quoi, Pyrrhus, je te rencontre encore ?
Trouverai-je partout un rival que j'abhorre ? 1630
Percé de tant de coups, comment t'es-tu sauvé ?
Tiens, tiens, voilà le coup que je t'ai réservé.
Mais que vois-je ? À mes yeux Hermione l'embrasse !
Elle vient l'arracher au coup qui le menace ?
Dieux, quels affreux regards elle jette sur moi ! 1635
Quels démons, quels serpents traîne-t-elle après soi ?
Eh bien, filles d'enfer, vos mains sont-elles prêtes ?
Pour qui sont ces serpents qui sifflent sur vos têtes ?
À qui destinez-vous l'appareil qui vous suit ?
Venez-vous m'enlever dans l'éternelle nuit ? 1640
Venez, à vos fureurs Oreste s'abandonne.
Mais non, retirez-vous, laissez faire Hermione :
L'ingrate mieux que vous saura me déchirer,
Et je lui porte enfin mon cœur à dévorer.

1. Le texte de 1697 porte : « Dieu », au singulier. Nous rétablissons le pluriel comme dans les éditions antérieures.

PYLADE

1645 Il perd le sentiment. Amis, le temps nous presse.
Ménageons les moments que ce transport nous laisse.
Sauvons-le. Nos efforts deviendraient impuissants
S'il reprenait ici sa rage avec ses sens.

DOSSIER

CHRONOLOGIE

1639-1699

1638 *13 septembre :* Jean Racine, père du poète, « procureur » au bailliage de La Ferté-Milon, épouse Jeanne Sconin, fille de Pierre Sconin, président du grenier à sel.

1639 *22 décembre :* Jean Racine est tenu sur les fonts baptismaux, en l'église Saint-Vaast de La Ferté-Milon, par son grand-père maternel et sa grand-mère paternelle, Marie Desmoulins.

1641 *24 janvier :* baptême de Marie Racine, sœur du poète.
29 janvier : inhumation de leur mère.

1643 *7 février :* inhumation de Jean Racine, père du futur dramaturge. Son fils est recueilli par les grands-parents paternels, sa fille par Pierre Sconin.

1649 *22 septembre :* inhumation de Jean Racine, grand-père du poète. Sa veuve, Marie Desmoulins, rejoint à Port-Royal leur fille Agnès, en religion sœur, puis mère Agnès de Sainte-Thècle, entrée dans la maison en 1642. De 1649 à 1653, Racine est élevé, gratuitement, aux Petites Écoles du monastère.

1653 *1er octobre :* Racine entre au collège de Beauvais. Il y fait sa seconde année de Lettres et sa Rhétorique.

1655 *1er octobre :* il retourne à Port-Royal-des-Champs. Sous la conduite d'Antoine Le Maître, qui l'a pris en affection, il perfectionne sa connaissance du grec, annote Plutarque, recueille des extraits de Tacite et de Quintilien. De cette époque datent aussi les plus anciennes de ses poésies latines.

1656 *30 mars :* les Petites Écoles sont fermées, les élèves et leurs maîtres dispersés. Mais Racine, semble-t-il, reste à proximité, chez le duc de Luynes (dont Nicolas Vitart, cousin du père de notre poète, est l'intendant), à son château de Vaumurier. Il paraît avoir l'année suivante regagné Port-Royal, y composant les sept odes qui forment *Les Promenades de Port-Royal-des-Champs*.

1658 *Octobre :* on envoie Racine à Paris, pour étudier la Logique au collège d'Harcourt.

1659 Racine habite avec Nicolas Vitart à l'Hôtel de Luynes, quai des Grands-Augustins. Il y reste probablement jusqu'au printemps ou même à l'été de l'année 1661. Il se lie avec La Fontaine, dont la femme est sa parente, l'abbé Le Vasseur, d'autres amateurs de poésie et de belles-lettres. Après des pièces d'inspiration religieuse, ou parallèlement, il compose des chansons, des sonnets, des madrigaux, des lettres, dont certaines mêlées de vers.

7 novembre : entre la France et l'Espagne est conclu le traité des Pyrénées. Racine, à cette occasion, célèbre Mazarin dans un sonnet, aujourd'hui perdu.

1660 *5 septembre : La Nymphe de la Seine à la Reine* est achevée. Racine charge Nicolas Vitart de soumettre son ode à Chapelain, qui, non sans suggérer des retouches, la juge « fort belle ». Vitart la communique également à Charles Perrault, qui formule d'utiles remarques. Elle est imprimée. Quelque temps auparavant, Racine a terminé, sous le titre d'*Amasie*, une pièce de théâtre, dont rien ne subsiste et dont on ignore le sujet.

1661 *26 janvier :* Racine est au château de Chevreuse. Il y surveille des travaux commandés par le duc de Luynes.

Juin : Racine a dressé le plan d'une pièce nouvelle, dont il a composé déjà quelques vers et dans laquelle il prend Ovide pour personnage principal. À cette période remontent aussi *Les Bains de Vénus*, poème galant et mythologique dont nous n'avons rien conservé. Dans le courant de l'été, Racine tombe malade.

Octobre : Racine part pour Uzès, où son oncle Antoine Sconin, ancien supérieur des génovéfains, exerce auprès de l'évêque les fonctions de vicaire général et d'official. Il escompte par son aide être pourvu d'un bénéfice. Il s'habille de noir, lit saint Thomas, se constitue « force extraits de théologie », mais n'en continue pas moins à lire les auteurs profanes, commente les *Olympiques* de Pindare, annote l'*Odyssée*, correspond avec La Fontaine, songe toujours au théâtre.

1er novembre : naissance du Dauphin, célébrée à

Uzès par des festivités dont Racine envoie une *Relation* destinée à la *Gazette de France.*

1662 *25 juillet :* dernière lettre d'Uzès, dans ce qui nous est parvenu de la correspondance. La première de celles qui suivent sera datée de Paris, le 23 juillet 1663. On ne sait quand Racine a regagné la capitale. Il a, semble-t-il, rejoint Nicolas Vitart à l'Hôtel de Luynes.

1663 *29 mai :* Louis XIV est atteint de la rougeole ; sa santé donne des inquiétudes. Pour célébrer sa guérison, Racine compose et, en juillet, publie son ode *Sur la convalescence du Roi*, qu'il a montrée en juin à Chapelain, puis corrigée selon ses avis.

23 juillet : Racine écrit à sa sœur qu'il espère une pension du roi, dont il tient de lui la promesse.

12 août : mort de sa grand-mère Marie Desmoulins.

Octobre : il compose et, en novembre, publie une nouvelle ode, *La Renommée aux Muses*. En décembre, il termine sa tragédie des *Frères ennemis*, que Molière accepte et paraît même avoir suscitée.

1664 *20 juin :* création de *La Thébaïde*, par la troupe de Molière.

3 octobre : privilège pris par Barbin pour *La Thébaïde*, registré le 17.

30 octobre : publication de *La Thébaïde.*

1665 *3 février :* Racine lit trois actes et demi d'*Alexandre*, à l'Hôtel de Nevers, chez Mme Du Plessis-Guénégaud, devant Mme de Sévigné, sa fille, Mme de Lafayette, La Rochefoucauld, Barillon, le comte d'Avaux et quelques autres personnes. Boileau y récite quelques-unes de ses satires. Cette réunion est mentionnée le lendemain par Pomponne dans une lettre à son père, Arnauld d'Andilly.

30 octobre : Racine figure pour six cents livres sur la liste des gratifications aux gens de lettres.

29 novembre : le gazetier Robinet annonce comme prochaine la représentation simultanée de deux *Alexandre* (celui de Boyer par les Comédiens de l'Hôtel, celui de Racine par la troupe de Molière).

4 décembre : création d'*Alexandre*, sur la scène du Palais-Royal.

14 décembre : Alexandre est représenté par la Troupe Royale chez la comtesse d'Armagnac.

30 décembre : Racine obtient pour *Alexandre* (qui, joué pendant quelques jours sur les deux scènes rivales, ne se donne plus désormais qu'à l'Hôtel de Bourgogne) un privilège qui sera registré le 7 janvier suivant.

1666 *13 janvier :* achevé d'imprimer d'*Alexandre le Grand*, Paris, Trabouillet et Girard, in-12.

Janvier : publication de la *Lettre à l'auteur des Hérésies imaginaires et des deux Visionnaires.*

10 mai : Lettre aux deux apologistes de l'auteur des Hérésies imaginaires, que Racine renonce finalement à publier.

1667 *Mai : Préface* de Racine pour une édition (non publiée) de ses *Lettres* à l'auteur des *Imaginaires.*

21 mai : Racine figure sur la liste des gratifiés pour une somme de huit cents livres.

26 octobre : Racine, qui se qualifie prieur de Saint-Pétronille d'Épinay, dans le diocèse d'Angers, donne procuration à Nicolas Vitart pour le partage de ce qu'a laissé Pierre Sconin, inhumé le 23 avril.

17 novembre : représentation d'*Andromaque* par la Troupe Royale, dans l'appartement de la Reine. Il semble qu'il s'agissait là de la première. La pièce, dans les jours qui suivent, obtient le plus vif succès à l'Hôtel de Bourgogne.

28 décembre : Racine prend un privilège pour l'impression d'*Andromaque*. Il s'y trouve désigné comme prieur de l'Espinay. La tragédie paraît, en janvier 1668, dans un volume in-12, chez Théodore Girard, Thomas Jolly ou Claude Barbin.

1668 *18 ou plus probablement 25 mai :* création, par la troupe de Molière, sur la scène du Palais-Royal, de *La Folle Querelle ou La Critique d'Andromaque*, trois actes en prose par le gazetier Adrien-Thomas Perdou de Subligny.

5 décembre : privilège pris pour *Les Plaideurs*. Il sera registré le 8 janvier suivant. On ignore quand la comédie fut jouée pour la première fois.

11 décembre : décès de la Du Parc, inhumée le 13 aux Carmes des Billettes.

18 décembre : Racine, « bien versé dans la poésie française », figure pour huit cents livres sur la liste des gratifiés, « en considération de son mérite », au titre de 1667.

29 décembre : Racine figure sur la liste des gratifiés pour 1668. Il se voit allouer douze cents livres, en considération de son « application aux belles-lettres ».

1669 *Janvier :* publication des *Plaideurs* (Paris, Claude Barbin, in-12).

13 décembre : création de *Britannicus* à l'Hôtel de

Bourgogne. La pièce n'aurait été jouée que cinq fois ou peu davantage.

16 décembre : Racine figure pour douze cents livres sur la liste des gratifiés.

1670 *7 janvier :* privilège pour l'impression de *Britannicus*. Il sera registré le 3 février. Le volume a dû paraître, chez Claude Barbin, dans les derniers jours de janvier.

21 novembre : création de *Bérénice* à l'Hôtel de Bourgogne.

28 novembre : création de *Tite et Bérénice*, comédie héroïque de Corneille, sur la scène du Palais-Royal.

23 décembre : Racine est, dans un acte notarié, désigné comme prieur de La Ferté.

Décembre (?) : Racine figure pour quinze cents livres sur la liste des gratifiés.

1671 *22 janvier :* le privilège obtenu par Racine ce même mois pour l'impression de *Bérénice* est enregistré par la Communauté des Libraires.

24 février : achevé d'imprimer de *Bérénice* (Paris, Claude Barbin, in-12).

1672 *5 janvier :* création de *Bajazet* à l'Hôtel de Bourgogne.

30 janvier : Racine figure pour quinze cents livres sur la liste des gratifiés.

16 février : privilège pris par Racine pour *Bajazet*, registré le lendemain.

20 février : achevé d'imprimer de *Bajazet* (Paris, Pierre Le Monnier, in-12).

5 décembre : élection de Racine à l'Académie française. Il y sera reçu le 12 janvier suivant, le même jour que Fléchier et l'abbé Gallois. Son

Remerciement, aujourd'hui perdu, ne remporte qu'un médiocre succès.

1673 *13 janvier :* création de *Mithridate* à l'Hôtel de Bourgogne.

16 mars : achevé d'imprimer de *Mithridate* (Paris, Claude Barbin, in-12).

1674 *22 juin :* Racine figure pour quinze cents livres sur la liste des gratifiés.

18 août : création d'*Iphigénie*, dans le parterre de l'Orangerie, à Versailles, lors des *Divertissements donnés par le Roi à toute sa Cour au retour de la Conquête de la Franche-Comté* (titre que porte la relation de ces fêtes par Félibien, Paris, Guignard, achevé d'imprimer du 22 octobre 1674). La pièce ne sera jouée à l'Hôtel de Bourgogne que quatre ou cinq mois plus tard.

27 octobre : Racine trésorier de France en la généralité de Moulins.

1675 *28 janvier :* Racine prend un privilège pour *Iphigénie*. Il sera registré le 19 mars. La tragédie paraît vers cette époque.

24 mai (?) : création, au Théâtre Guénégaud, de l'*Iphigénie* composée par Coras et Le Clerc, qui sera imprimée en janvier 1676.

31 décembre : achevé d'imprimer de la première édition collective que Racine ait publiée de ses *Œuvres* (Paris, Denis Thierry ou Claude Barbin, 1676, deux volumes).

1676 *10 juin :* Racine figure pour quinze cents livres sur la liste des gratifiés.

1677 *1er janvier :* création de *Phèdre* à l'Hôtel de Bourgogne.

3 janvier : la *Phèdre* de Pradon est représentée

pour la première fois, par la troupe de la rue Guénégaud.

Janvier-février : affaire des sonnets, le premier contre la *Phèdre* de Racine (qu'on croit composé par Philippe Mancini, duc de Nevers), le deuxième contre les mœurs de ce duc. Ils seront suivis, toujours sur les mêmes rimes, de deux autres, attribués au duc de Nevers, contre Racine et Boileau.

15 mars : achevé d'imprimer de *Phèdre* (Paris, Claude Barbin).

30 mai : signature du contrat de mariage entre Racine et Catherine de Romanet, fille d'un trésorier de France en la généralité d'Amiens. Le mariage sera célébré le lendemain à l'église Saint-Séverin. Les témoins, pour le marié, sont Nicolas Vitart et Boileau.

30 septembre : Racine et Boileau, promus historiographes du roi, reçoivent chacun six mille livres.

1678 *4-12 mars :* siège de Gand, auquel assistent les deux historiographes.

24 mars : capitulation d'Ypres, où Racine et Boileau se trouvent à la suite du roi.

5 novembre : réception de l'abbé Jacques-Nicolas Colbert à l'Académie française. Racine lui répond en qualité de directeur.

11 novembre : baptême de Jean-Baptiste Racine, fils aîné du poète.

1679 *17 mai :* visite de l'archevêque de Paris, Harlay de Champvallon, à Port-Royal-des-Champs. Racine s'y trouve lors de son arrivée et s'entretient longuement avec lui des affaires de la maison.

21 novembre : Catherine Monvoisin (la Voisin) accuse Racine d'avoir empoisonné la Du Parc.

1680 *11 janvier :* l'arrestation de Racine est envisagée. Louvois se déclare prêt à en expédier l'ordre.

17 mai : baptême de Marie-Catherine, deuxième enfant du poète.

12 août : Racine figure pour deux mille livres sur la liste des gratifiés.

1682 *20 janvier :* Racine figure pour deux mille livres sur la liste des gratifiés.

29 juillet : naissance d'Anne Racine (Nanette), troisième enfant du poète, qui sera baptisée le 8 mai 1683.

1683 Racine, après avoir, avec Boileau, travaillé sur la proposition de Mme de Thianges au livret d'un opéra (*La Chute de Phaéton*) que se verra finalement confier Quinault, reçoit, ainsi que son collaborateur, dix mille livres pour « un petit opéra [un ballet] qu'ils ont fait en trois jours, et qui a été un des divertissements de la Cour pendant le carnaval » (*Nouvelles extraordinaires* [Gazette de Leyde], 16 mars 1683).

2 mars : la *Comédie des Appartements*, dont l'acteur Brécourt paraît le principal auteur, mais à laquelle Racine et Boileau probablement, ainsi que d'autres, ont mis la main, est représentée à Versailles par les Comédiens Français.

11 octobre : création d'*Arlequin Protée*, de Fatouville, à l'Hôtel de Bourgogne, par les Comédiens Italiens. La pièce contient une *Parodie de Bérénice*.

Boileau, Racine et le médecin Rainssant sont adjoints par Louvois aux cinq membres qui siègent déjà dans la Petite Académie, future Académie des Inscriptions et Médailles.

De cette année date le *Précis des campagnes de Louis XIV*.

1684 *2 août :* baptême d'Élisabeth Racine (Babet), son quatrième enfant.

1er octobre : mort de Pierre Corneille, le jour même où Racine devient directeur trimestriel de l'Académie française. Il essaie d'obtenir que le duc du Maine, alors âgé de douze ans, y soit reçu, mais il se heurte à l'opposition du roi.

31 décembre : Mme de Montespan offre au roi, comme étrennes, un livre où sont représentées en miniature toutes les villes conquises en 1672 et dont tous les textes sont de Racine et de Boileau.

1685 *2 janvier :* réception de Thomas Corneille et de Jean-Louis Bergeret à l'Académie française. Dans sa réponse, Racine prononce l'éloge de Pierre Corneille et celui de Louis XIV. Le 5, Racine lira sa harangue dans le cabinet du roi. Le 7 avril, il en sera félicité par Antoine Arnauld, alors en exil.

16 juillet : le marquis de Seignelay, fils de Colbert, donne dans les jardins de Sceaux une fête pour laquelle Racine compose son *Idylle sur la paix*, mise en musique par Lully.

21 juillet : l'abbé Colbert prononce, à la tête du clergé, devant Louis XIV, une harangue pour laquelle Racine a prêté sa plume.

29 (ou 28 ?) octobre : Racine rédige son testament. Entre 1678 et 1686, il a partiellement traduit le *Banquet* de Platon pour l'abbesse de Fontevrault, sœur de Mme de Montespan.

1686 *27 octobre :* Racine figure en tête, pour deux mille livres, sur la liste des gratifiés.

29 novembre : naissance de Jeanne-Nicole-Françoise Racine (Fanchon), cinquième enfant du poète, baptisée le même jour.

1687 *Mai :* Louis XIV visite les fortifications de Luxembourg. Racine participe à ce voyage.
Deuxième édition collective des *Œuvres*.

1688 *14 mars :* naissance de Madeleine Racine (Madelon), sixième enfant du poète, baptisée le 18.
22 avril : le roi donne à Racine et à Boileau mille pistoles de gratification pour chacun.

1689 *26 janvier :* création d'*Esther*, à Saint-Cyr, en présence du roi, du Dauphin et de quelques courtisans privilégiés.
3 février : privilège pris par les dames de Saint-Cyr pour *Esther*.
2 mars : achevé d'imprimer d'*Esther* (Paris, Claude Barbin ou Denis Thierry, in-12).

1690 *11 décembre :* Racine prend un privilège pour *Athalie*. Il sera registré le 8 février suivant.
12 décembre : Racine se voit pourvu par le roi d'une charge de gentilhomme ordinaire, moyennant qu'il paiera dix mille livres à la veuve du précédent titulaire.

1691 *5 janvier :* création d'*Athalie* (dont les répétitions ont commencé depuis le mois de mars précédent), à Saint-Cyr, devant le roi.
3 mars : achevé d'imprimer d'*Athalie* (Paris, Claude Barbin ou Denis Thierry, in-4°).
21 mars-8 avril : Louis XIV au siège de Mons. Racine participe à ce voyage.

1692 *15 avril :* Racine et Boileau reçoivent par brevet une pension, le premier de quatre mille livres, le second de deux mille.

24 mai-30 juin : siège de Namur, où Racine accompagne le roi.
2 novembre : naissance de Louis Racine (Lionval), dernier enfant du poète, baptisé le même jour.

1693 *15 mai :* préparatifs de Louis XIV pour sa dernière campagne. Ayant quitté Versailles le 18, il se trouvait à Péronne le 23, au Quesnoy le 25, le 2 juin près de Mons, à Bavay. Quelques jours après, il prenait la route du retour. Racine participe à ce voyage.
2 novembre : Louis accorde par brevet à Jean-Baptiste Racine la charge de gentilhomme ordinaire, en survivance de son père.

1694 *4 août :* Racine ménage à l'Académie française la réconciliation publique de Charles Perrault et de Boileau, qui met fin à la Querelle des Anciens et des Modernes. Son déclenchement remontait au 27 janvier 1687.
8 août : mort d'Antoine Arnauld. Racine assiste au service funèbre qu'on célèbre à Port-Royal. Il compose pour le défunt une épitaphe en vers ainsi qu'une autre pièce pour son portrait. De cette même année datent, semble-t-il, les quatre *Cantiques spirituels*.

1695 *20 juin :* le roi donne à Racine le logement dont jouissait auparavant à Versailles le marquis de Gesvres.

1696 *13 février :* Racine achète cinquante-cinq mille livres un office de nouvelle création, et devient un des cinquante conseillers secrétaires du roi, maison couronne de France et de ses finances, institués par un édit de février 1694. Il achèvera de payer cette charge le 31 juillet. Le 10 mars, il est dispensé d'en exercer les fonctions à cause de ses occupations à la Cour.

Septembre : pendant les insomnies du roi, qui se trouve souffrant, Racine, qui couche dans son appartement, lui lit *La Vie d'Alexandre*, traduite de Plutarque par Amyot, dont il modernise à livre ouvert la langue devenue par endroits désuète.

29 décembre : Marie-Catherine Racine entre aux Carmélites du faubourg Saint-Jacques.

1697 Troisième édition collective des *Œuvres* (Paris, Denis Thierry, Claude Barbin ou Trabouillet, deux volumes in-12), avec d'importantes retouches.

1698 *Janvier :* Jean-Baptiste Racine vient d'arriver à La Haye, chez l'ambassadeur de France, M. de Bonrepaux. Il sera de retour dans sa patrie en janvier 1699.

4 mars : de Marly, Racine écrit à Mme de Maintenon, pour se défendre sur les accusations de jansénisme portées contre lui. La rédaction de son *Abrégé de l'Histoire de Port-Royal* se situe entre 1695 et 1699.

Avril : Racine souffre d'un rhume, d'un rhumatisme et d'un érésipèle.

Septembre et octobre : Racine à nouveau souffrant, plus sérieusement cette fois.

10 octobre : par un codicille à son testament, Racine demande qu'on l'enterre à Port-Royal-des-Champs, aux pieds de M. Hamon.

6 novembre : Racine assiste à la profession de sa fille Anne chez les Ursulines de Melun, ainsi que sa femme et sa fille aînée.

1699 *7 janvier :* Marie-Catherine Racine, après avoir quitté les Carmélites pour des raisons de santé, puis avoir séjourné jusqu'à Pâques 1698 à Port-Royal, espérant que l'interdiction d'y recevoir des novices finirait par être levée, épouse Claude-Pierre Collin de Moramber.

15 mars : Dangeau, dans son *Journal*, dit Racine « à l'extrémité ».

21 avril : Racine meurt, d'un abcès au foie, entre trois et quatre heures du matin. Le corps, déposé d'abord à Saint-Sulpice, est porté, par autorisation du roi, le lendemain 22 à Port-Royal, où sa dépouille est inhumée au-dessus de M. Hamon. Sa pierre tombale, qu'on peut aujourd'hui voir à Saint-Étienne-du-Mont, porte une épitaphe due à Boileau, que le médecin Dodart a traduite en latin.

NOTICE

On ne sait rien sur la genèse d'*Andromaque*, sinon le peu que Racine en dit dans sa dédicace à Madame.

Une représentation fut donnée le 17 novembre 1667 « par la Troupe royale », devant « Leurs Majestés », dans « l'appartement de la Reine, où étaient quantité de seigneurs et de dames de la Cour », comme l'indique le surlendemain la *Gazette de France*[1]. L'information se retrouve, le même jour, chez Robinet, qui, dans sa *Lettre en vers* du 26, donne un compte rendu plus détaillé. Le gazetier, en même temps qu'il résume l'intrigue, précise la distribution. La veuve d'Hector est incarnée par Mlle Du Parc.

une actrice,
Des humains grande tentatrice,
Et qui, dans un deuil très pompeux,
Par sa voix, son geste et ses yeux,

1. Voir Raymond Picard, *Nouveau corpus racinianum*, Éditions du Centre national de la Recherche scientifique, 1976, p. 40.

s'acquitte « admirablement » de son rôle. Pyrrhus est « en relief représenté » par Floridor. Oreste, « pire qu'un Fairfax[1] », est « figuré par Montfleury », qui « fait mieux que feu Montdory[2] ».

Il s'y dépensera même tant qu'un mois plus tard à peine il y laissera la vie, ainsi que Robinet l'annonce le 17 décembre et que le rappelle Gabriel Guéret dans son *Parnasse réformé* lorsqu'il prête ces propos à l'ombre du comédien : « Qui voudra donc savoir de quoi je suis mort, qu'il ne demande point si c'est de la fièvre, de l'hydropisie, ou de la goutte, mais qu'il sache que c'est d'*Andromaque*. Nous sommes bien fols de nous mettre si avant dans le cœur des passions, qui n'ont été qu'au bout de la plume de Messieurs les poètes [...] Mais ce qui me fait le plus de dépit, c'est qu'*Andromaque* va devenir plus célèbre par la circonstance de ma mort, et que désormais il n'y aura plus de poète qui ne veuille avoir l'honneur de crever un comédien[3]. »

Hermione, poursuivait Robinet dans sa *Lettre* du 26 novembre, était jouée par « l'excellente Des Œillets », avec assez de talent pour en tirer « gloire très plénière ». Bref, la pièce était servie par une interprétation propre

1. Général anglais qui défit Charles Ier.

2. Robinet, *Lettre en vers à Madame* du 26 novembre 1667, dans *Les Continuateurs de Loret*, t. II, pp. 1091-1093 (lettres recueillies et publiées par le baron James de Rothschild, Paris, Morgand, 1883).

3. Gabriel Guéret, *Le Parnasse réformé*, Paris, Thomas Jolly, 1671, et Genève, Slatkine Reprints, 1968, pp. 85-88. Montdory, déjà, pour avoir déclamé les imprécations d'Hérode dans la *Mariane* de Tristan avec trop de véhémence, au Théâtre du Marais, en août 1637, avait été victime d'une attaque.

« à charmer le spectateur ». Son « heureux auteur[1] », cette fois, eût été mal venu de se plaindre. Selon Charles Perrault, elle « fit le même bruit, à peu près, que *Le Cid* lorsqu'il fut représenté la première fois[2] ». Chacun donnait son avis : « Les plus grands seigneurs de la Cour en disaient hautement leur sentiment, selon l'étendue, ou selon les bornes de leurs goûts et de leurs lumières. Il revint à M. Racine que sa pièce avait été frondée par deux de ces seigneurs, à propos de quoi il fit l'Épigramme suivante, qu'il s'adressait à lui-même :

La vraisemblance est choquée en ta pièce,
Si l'on en croit et d'Olonne et Créquy.
Créquy dit que Pyrrhus aime trop sa maîtresse ;
D'Olonne, qu'Andromaque aime trop son mari.

Le plaisant de l'épigramme, c'est que le maréchal de Créquy n'avait pas la réputation d'aimer trop les femmes ; et quant à M. d'Olonne, il n'avait lieu de se plaindre d'être trop aimé de la sienne[3]. » Le premier s'attira, par une autre critique, un nouveau quatrain, qui rap-

1. Robinet, *Lettre en vers à Madame* du 26 novembre 1667, dans *Les Continuateurs de Loret*, éd. cit., t. II, p. 1093 et p. 1094.

2. Charles Perrault, *Les Hommes illustres qui ont paru en France pendant ce siècle*, Paris, Dezallier, 1700, t. II, p. 81. Cf. Louis Racine, *Mémoires* [...], dans Paul Mesnard, *Œuvres* de J. Racine, éd. cit., t. I (1885), p. 244.

3. *Bolaeana*, dans *Ana* [...], ou Collection de bons mots, contes, pensées détachées, traits d'histoires et anecdotes des hommes célèbres, depuis la renaissance des Lettres jusqu'à nos jours, suivis d'un choix de propos joyeux, mots plaisants, reparties fines et contes à rire, tirés de différents recueils, Amsterdam, Belin, An VII de la république, t. X, p. 414.

pelait l'incident diplomatique survenu lors de son ambassade auprès du Pape, en 1662, à la suite d'une altercation entre ses domestiques et les Gardes corses :

Créquy prétend qu'Oreste est un pauvre homme
Qui soutient mal le rang d'ambassadeur ;
Et Créquy de ce rang connaît bien la splendeur ;
Si quelqu'un l'entend mieux, je l'irai dire à Rome[1].

Condé, pour sa part, trouvait Pyrrhus, au dire de Louis Racine et de Brossette[2], « trop violent et trop emporté ». Boileau lui-même, qui remarquera dans son Épître à Racine en 1677 :

Au Cid *persécuté* Cinna *doit sa naissance,*
Et peut-être ta plume aux censeurs de Pyrrhus
Doit les plus nobles traits dont tu peignis Burrhus[3],

traitait de « héros à la Scudéry[4] » le roi d'Épire, ne s'en montrait pas satisfait, jugeait son entretien avec son confident à la scène v de l'acte II trop proche, par le ton, de la comédie[5]. Lorsque Saint-Évremond recevra la pièce, imprimée avec un privilège du 28 décembre 1667

1. *Œuvres complètes de Racine*, éd. Raymond Picard, t. I, p. 978.
2. Voir Paul Mesnard, *Œuvres* de J. Racine, éd. cit., pour Louis Racine (*Mémoires* [...]), t. I, p. 245, pour Brossette, t. II (1886), p. 11.
3. Boileau, *Épître VII*, v. 52-54.
4. *Bolaeana*, dans *Ana* [...], éd. cit., t. X, p. 385.
5. Voir plus loin l'Appendice, pp. 157-159, à propos des vers 688-689 d'*Andromaque*.

et parue sans doute au mois de janvier suivant[1], il formulera depuis La Haye, dans une lettre de mars ou d'avril 1668 au comte de Lionne, une appréciation nuancée de réserves, où perce un préjugé plutôt défavorable : « [...] il me paraît qu'*Andromaque* a bien de l'air des belles choses, il ne s'en faut presque rien qu'il n'y ait du grand. Ceux qui n'entreront pas assez dans les choses l'admireront ; ceux qui veulent des beautés pleines, y chercheront je ne sais quoi qui les empêchera d'être tout à fait contents. Mais à tout prendre, c'est une belle pièce, et qui est fort au-dessus du médiocre, quoiqu'un peu au-dessous du grand[2]. » Quelques jours plus tard, ayant reçu la tragédie de Racine en triple exemplaire par trois voies différentes, il se plaint au même correspondant d'avoir dû payer bien inutilement le port, puisque « toutes ces choses-là s'impriment à Amsterdam huit ou dix jours après qu'elles ont plu en France[3] », puis il poursuit : « elle m'a semblé très belle ; mais je crois qu'on peut aller plus loin dans les passions, et qu'il y a encore quelque chose de plus profond dans les sentiments, que ce qui s'y trouve : ce qui doit être tendre n'est que doux, et ce qui doit exciter la pitié, ne donne que de la tendresse. Cependant, à tout prendre, Racine doit avoir plus de réputation qu'aucun autre, après Corneille[4] ».

1. À Paris, chez Théodore Girard, Thomas Jolly, Claude Barbin.

2. Saint-Évremond, *Lettres*, édition René Ternois, Paris, Marcel Didier, t. I (1967), pp. 136-137.

3. *Ibid.*, t. I, p. 140. Dès 1668 en effet parut une édition hollandaise de la pièce, publiée par un libraire d'Amsterdam. Desmaizeaux, dans son édition londonienne des *Œuvres mêlées* publiée en 1705, substitue « paru » qui représente peut-être la bonne lecture, à « plu », *lectio difficilior*.

4. Saint-Évremond, *Lettres*, éd. cit., t. I, pp. 140-141.

Vers le même temps s'élaborait *La Folle Querelle ou la Critique d'Andromaque*, trois actes en prose par le gazetier Adrien-Thomas Perdou de Subligny. La comédie était annoncée dès le 12 mai dans la *Lettre en vers à Madame*, de Robinet.

La création, toutefois, si l'on se fie au registre de La Grange, ne daterait que du 25. Dès le lendemain, Robinet certifie qu'elle est « jouée » et « même grandement louée ». Le « sujet en est petit et faiblement imaginé », constatent les frères Parfaict : « Hortense, prête d'épouser Eraste, qu'elle n'aime point, mais que sa mère l'oblige d'accepter, se brouille avec lui, sous prétexte qu'il est le partisan déclaré de la tragédie d'*Andromaque*, qu'elle trouve pleine de défauts, tant dans la conduite que dans la versification. Voilà ce qui donne lieu au titre de la pièce, et à la critique qui y est répandue[1]. » Restée à l'affiche jusqu'en décembre, *La Folle Querelle* atteignit près de trente représentations. Elle avait été publiée en août, avec un achevé d'imprimer daté du 22, chez Thomas Jolly. Subligny, dans la *Préface*, revendique la paternité de l'œuvre, que d'aucuns avaient attribuée à Molière, comme Racine, au dire de Grimarest[2], l'aurait cru lui-même. Le préfacier se défendait d'avoir voulu dénigrer la tragédie qu'il prenait pour cible. Il disait avoir partagé l'enthousiasme qu'elle avait provoqué chez les spectateurs dès sa création : « Je fus charmé à la première représentation de l'*Andromaque* ; ses beautés firent sur mon esprit ce qu'elle fit sur l'esprit de tous les autres, et si je l'ose dire, j'adorai le beau génie de son

1. Parfaict, *Histoire du Théâtre français*, t. X (1747), p. 279.
2. Grimarest, *Vie de Monsieur de Molière*, Paris, La Renaissance du Livre, 1930, p. 23.

auteur, sans connaître son visage. Le tour de son esprit, la vigueur de ses pensées et la noblesse de ses sentiments m'enlevèrent en beaucoup d'endroits[1]. » Mais, ayant gardé dans l'admiration plus de lucidité que ceux qui prétendaient que le jeune poète avait atteint la perfection, qu'il n'irait jamais plus loin dans la « régularité » ni dans la « justesse, et qu'il fallait qu'il travaillât toujours de même pour être le premier homme du monde »[2], il avait dénombré « près de trois cents fautes[3] », ainsi qu'une infinité de « petits péchés véniels[4] » contre la « netteté » de l'expression. Il peut paraître impertinent, pour un écrivain et un dramaturge lui-même si médiocre, de s'ériger en censeur de Racine et de lui donner des conseils sur la qualité de l'expression. Mais cette leçon d'exigence toujours accrue envers soi-même ne partait pas d'une intention absolument condamnable. Il s'agissait de l'inviter à ne pas demeurer en si bon chemin, à mériter vraiment la louange d'écrire mieux que les autres, d'empêcher que, grisé par les applaudissements, il ne s'endormît dans sa gloire : « La France a intérêt de ne point arrêter au milieu de sa carrière un homme qui promet visiblement de lui faire beaucoup d'honneur. Elle devrait le laisser arriver à ce point de pureté de langue et de conduite du théâtre qu'il sait bien lui-même qu'il n'a pas atteint ; car autrement, il se trouverait qu'au lieu d'avoir déjà surpassé le vieux Corneille, il demeurerait toute sa vie au-des-

1. Subligny, *La Folle Querelle, Préface*, dans Victor Fournel, *Les Contemporains de Molière*, éd. cit., t. III (1875), p. 495.
2. *Ibid.*, p. 496.
3. *Ibid.*, p. 499.
4. *Ibid.*, p. 498.

sous[1]. » Alcipe déclarait déjà, dans le cours même de la comédie : « De vouloir qu'il soit vrai qu'il ait surpassé tous ceux qui ont jamais écrit, hé ! Madame, le bon sens peut-il souffrir qu'on se trompe de la sorte ? C'est gâter un homme à force d'encens, et sans cela peut-être que nous aurions vu quelque jour une bonne pièce de lui[2]. » Sous une formulation volontairement sévère jusqu'à l'excès, ce jugement résume assez bien la pensée de l'auteur, qui s'en prend somme toute moins à Racine lui-même qu'il n'est irrité par ses admirateurs inconditionnels et ses thuriféraires excessifs. Certes, on regrette que le préfacier prétende enfermer Racine dans les limites sclérosantes d'un classicisme étroit, et surtout qu'il se croie permis de lui suggérer ensuite comment il aurait fallu corriger sa tragédie pour la ramener au modèle cornélien. Mais on aime qu'au jeune dramaturge soit rendu cet hommage, qui marquait précisément le point atteint par lui dans cette étape de sa carrière, et que lui soit prophétisé, tout à la fin de la *Préface*, l'avenir auquel il était promis : « J'espère, y peut-on lire en guise de conclusion, qu'un jour je n'admirerai pas moins la conduite de ses ouvrages que j'admire aujourd'hui la noble impétuosité de son génie[3]. » À cette vigueur de la pensée, à cette fermeté de l'accent, on se demande si Subligny ne servirait pas ici de porte-parole à des voix plus autorisées, que la sienne, et l'on serait tenté, par instants, de discerner la discrète présence de Molière.

Ces conseils, ces exhortations, ces encouragements ne

1. *Ibid.*, p. 496.
2. *La Folle Querelle*, I, 7, dans Victor Fournel, *Les Contemporains de Molière*, éd. cit., t. III, p. 514.
3. *Ibid.*, p. 501.

furent pas perdus. Robinet, dans sa *Lettre* du 8 septembre, les approuve ; il y considère « ce faux Subligny[1] » comme un « homme d'honneur »,

> *Car sa critique, ou bien satire,*
> *Loin qu'un auteur elle déchire,*
> *En le louant, elle l'instruit,*
> *Et peut produire bien du fruit*
> *Dans la République lettrée ;*
> *Telle Critique enfin m'agrée*[2].

Et, dans le paragraphe qu'il consacre à « l'*Andromaque* », Adrien Baillet pourra dire très justement : « Cette pièce fit grand bruit, et elle attira à l'auteur beaucoup d'envieux et quelques censeurs mêlés parmi eux. Les uns et les autres n'ont pas été inutiles à la pièce qui en reçut plus d'éclat, ni au poète qui s'encouragea de plus en plus à se perfectionner et qui prit encore de plus grandes précautions dans la composition des pièces suivantes[3]. » Boileau, dès 1677, ne parlait pas autrement, quand il écrivait dans son *Épitre VII* :

> *Le mérite en repos s'endort dans la paresse.*
> *Mais par les envieux un génie excité*
> *Au comble de son art est mille fois monté*[4].

1. Cette épithète invite à penser que le journaliste considère Subligny comme un prête-nom.
2. Robinet, *Lettre en vers à Madame* du 8 septembre 1668, citée par Pierre Mélèse, *Le Théâtre et le public à Paris sous Louis XIV*, Paris, Droz, 1934, p. 346.
3. Adrien Baillet, *Jugements des savants* [...], Paris, Antoine Dezallier, 1686, t. IV, pp. 412-413.
4. Boileau, *Épître VII*, v. 48-50, cités *ibid.*, t. IV, p. 413.

Aux divers jugements que nous avons déjà mentionnés s'ajoute en 1669 celui de La Fontaine dans *Les Amours de Psyché et de Cupidon*. Son témoignage, pour demeurer presque allusif, n'en vaut pas moins d'être rapporté. Gélaste constate au cours de sa dispute avec Ariste que la pièce remporte un succès de larmes auquel contribue pour une large part le talent de l'actrice principale : « Vous allez là pour vous réjouir, et vous y trouvez un homme qui pleure auprès d'un autre homme, et cet autre auprès d'un autre, et tous ensemble avec la comédienne qui représente Andromaque, et la comédienne avec le poète : c'est une chaîne de gens qui pleurent, comme dit votre Platon[1]. » De ce plaisir-là, Madame de Sévigné saura, l'on s'en souvient, elle aussi se repaître : « Je fus encore à la comédie, mande-t-elle à sa fille, de Vitré, le 12 août 1671. Ce fut *Andromaque*, qui me fit pleurer plus de six larmes ; c'est assez pour une troupe de campagne[2]. »

Avec la Du Parc s'éteignit le 11 décembre 1668 la comédienne par qui le rôle d'Andromaque avait été créé. Mais, à la rentrée de Pâques 1670, la Des Œillets allait être détrônée dans celui d'Hermione par une interprète venue du Marais, qui le joua pour ses débuts à l'Hôtel de Bourgogne. Racine, « craignant de voir défigurer son ouvrage par la nouvelle débutante », n'avait accepté d'assister à la représentation que sur les instances de ses amis et avait trouvé l'actrice assez faible dans les deux

1. La Fontaine, *Psyché*, Livre premier, *Œuvres diverses*, éd. Pierre Clarac, pp. 179-180. La formule de Platon se lit dans *Ion*, 533*e*.

2. Mme de Sévigné, *Correspondance*, éd. Roger Duchêne, Paris, Gallimard, Bibliothèque de la Pléiade, t. I (1972), p. 319.

premiers actes, qui demandent « une grande finesse ». Mais elle montra tant de feu dans les deux derniers qu'à l'issue du spectacle il courut à sa loge « et lui fit des compliments pour elle et des remerciements pour lui [1] ». La jeune tragédienne s'appelait la Champmeslé.

NOTE SUR LA PRÉSENTE ÉDITION

Nous reproduisons ici le texte donné par la troisième édition collective des *Œuvres* (Paris, Denis Thierry, Claude Barbin ou Trabouillet, 1697, 2 volumes in-12), la dernière parue du vivant de Racine.

Nous modernisons l'orthographe. Nous modifions, aussi discrètement que possible, la ponctuation afin de l'adapter à l'usage actuel.

1. Parfaict, *Histoire du Théâtre français*, t. XIV (1748), pp. 513-514.

APPENDICE

On trouvera dans l'Appendice les variantes qui ne figurent pas en bas de pages.

Variante des vers 669-670 (p. 71) dans les éditions de 1668 et 1676

« [...] en secret ». Boileau « n'était point du tout satisfait du personnage que fait Pyrrhus dans l'*Andromaque*, qu'il traitait de héros à la Scudéry, au lieu qu'Oreste et Hermione sont de véritables caractères tragiques. Il frondait encore cette scène, où M. Racine fait dire par Pyrrhus à son confident :

Crois-tu, si je l'épouse,
Qu'Andromaque en son cœur n'en sera pas jalouse ?

Sentiment puéril qui revient à celui de Perse :

Censen' plorabit, Dave, relicta ?

[*Satire V*, v. 168], où le poète montre combien on ne se dégage qu'avec peine de la passion car Perse n'a en vue que la comédie de Térence, où de pareils sentiments sont en place, au lieu qu'ils sont trop badins ailleurs, et dérogent à la gravité magnifique de la tragédie » (*Bolaeana* [...] dans *Ana* [...], éd. cit., t. X, p. 385). « M. Despréaux condamnait cet endroit de l'*Andromaque* de Racine, confirme Brossette dans une lettre à Jean-Baptiste Rousseau du 6 août 1716 (*Œuvres* de Jean-Baptiste Rousseau, Bruxelles, et Paris, Didot, 1757, t. IV, p. 126) [...] Ce n'est pas que ce sentiment soit faux [...] au contraire, il est pris dans la nature, mais c'est parce qu'il n'est pas assez tragique ; et M. Despréaux avait remarqué qu'aux représentations de l'*Andromaque*, l'on ne manquait jamais de sourire en cet endroit : or ce n'est pas l'effet que doit produire la tragédie ; l'amour doit y être traité autrement que dans la comédie. » À quoi le destinataire, le 3 septembre suivant, répondait : « Je suis entièrement du sentiment de M. Despréaux sur la dernière scène du second acte de l'*Andromaque*, et j'ai toujours condamné cette scène en l'admirant, parce que quelque belle quelle soit, elle est plutôt dans le genre comique ennobli que dans le genre tragique. En effet, si vous y prenez garde, ce n'est autre chose qu'une paraphrase de cet endroit de *L'Eunuque* [Térence, *Eunuchus*, I, 1, v. 49] :

exclusit, revocat : redeam ? non, si me obsecret.

["elle me chasse, me rappelle : reviendrai-je ? Non, m'en conjurerait-elle."] Cependant, si c'est une faute, on doit être bien aise que Racine l'ait faite, par les beautés dont elle est parée ; mais il ne serait pas sûr de l'imiter en cela. Quand l'amour n'est point tragique, comme dans

Phèdre et dans le *Cid*, il devient petit et bas ; et nous n'avons point de tragédies en notre langue qui ne soient gâtées par là. » L'opinion de Boileau, partagée par Jean-Baptiste Rousseau, restera celle de Voltaire, qui note que, « si la pièce n'était pas un peu affaiblie par quelques scènes de coquetterie et d'amour, plus dignes de Térence que de Sophocle, elle serait la première tragédie du théâtre français » (*Remarques sur le troisième discours du poème dramatique de Corneille*, dans *Œuvres complètes* de Voltaire, éd. Beuchot, t. XXXVI, p. 520).

VARIANTE DES VERS 1493-1495 (P. 120)
DANS L'ÉDITION DE 1668

ORESTE

Madame, c'en est fait. Partons en diligence.
Venez dans mes vaisseaux goûter votre vengeance.
Voyez cette captive ; elle peut mieux que moi
Vous apprendre qu'Oreste a dégagé sa foi.

HERMIONE

Ô dieux ! c'est Andromaque ?

ANDROMAQUE

Oui, c'est cette princesse
Deux fois veuve, et deux fois l'esclave de la Grèce,
Mais qui jusque dans Sparte ira vous braver tous,
Puisqu'elle voit son fils à couvert de vos coups.
Du crime de Pyrrhus complice manifeste,
J'attends son châtiment. Car je vois bien qu'Oreste
Engagé par votre ordre à cet assassinat,

Vient de ce triste exploit vous céder tout l'éclat.
Je ne m'attendais pas que le ciel en colère
Pût, sans perdre mon fils, accroître ma misère,
Et gardât à mes yeux quelque spectacle encor
Qui fît couler mes pleurs pour un autre qu'Hector.
Vous avez trouvé seule une sanglante voie
De suspendre en mon cœur le souvenir de Troie.
Plus barbare aujourd'hui qu'Achille et que son fils,
Vous me faites pleurer mes plus grands ennemis ;
Et ce que n'avaient pu promesse ni menace,
Pyrrhus de mon Hector semble avoir pris la place.
Je n'ai que trop, Madame, éprouvé son courroux :
J'aurais plus de sujet de m'en plaindre que vous.
Pour dernière rigueur, ton amitié cruelle,
Pyrrhus, à mon époux me rendait infidèle.
Je t'en allais punir. Mais le ciel m'est témoin
Que je ne poussais pas ma vengeance si loin ;
Et sans verser ton sang, ni causer tant d'alarmes,
Il ne t'en eût coûté peut-être que des larmes.

HERMIONE

Quoi ? Pyrrhus est donc mort ?

ORESTE

Oui, nos Grecs irrités, etc.

VARIANTE DES VERS 1521-1523 (P. 121)
DANS L'ÉDITION DE 1668

Le Troyen est sauvé. Mais partons, le temps presse ;
L'Épire tôt ou tard satisfera la Grèce.

Cependant j'ai voulu qu'Andromaque aujourd'hui
Honorât mon triomphe et répondît de lui.
Du peuple épouvanté la foule fugitive
M'a laissé sans obstacle enlever ma captive,
Et regagner ces lieux, où bientôt nos amis, etc.

BIBLIOGRAPHIE

Immense déjà, la bibliographie de Racine continue à s'accroître. Ne seront mentionnées ici que des publications (éditions, ouvrages d'ensemble, articles) parues depuis 1950. Après une première section signalant quelques éditions du théâtre complet puis d'*Andromaque* seule, on trouvera les travaux de caractère plus général, classés par ordre chronologique, et ensuite les études portant spécialement sur la tragédie que nous éditons ici, rangées cette fois dans l'ordre alphabétique de leurs auteurs. Le lieu d'édition est Paris, quand il n'est pas indiqué.

QUELQUES ÉDITIONS DES ŒUVRES OU DU THÉÂTRE COMPLET

1950-1952 : *Œuvres complètes* (tome I, *Théâtre-Poésies* ; tome II, *Écrits se rapportant à Port-Royal, Travaux officiels, Correspondance, Traductions, Extraits, Commentaires, Annotations*), édition de Raymond Picard, Gallimard (Bibliothèque de la Pléiade).

1980 : *Théâtre complet*, édition de Jacques Morel et Alain Viala, Bordas (Classiques Garnier).

1982-1983 : *Théâtre complet*, 2 volumes, édition de Jean-Pierre Collinet, Gallimard (Folio).

1995 : *Théâtre complet*, 2 volumes, édition de Philippe Sellier, Imprimerie nationale (La Salamandre).

1999 : *Œuvres complètes* (tome I, *Théâtre*, *Poésie*), nouvelle édition de Georges Forestier, Gallimard (Bibliothèque de la Pléiade).

ÉDITIONS SÉPARÉES D'*ANDROMAQUE*

1961 : Édition d'Annie Ubersfeld, Éditions sociales (Les Classiques du peuple).

1977 : Édition de Roy C. Knight et Harry T. Barnwell, Genève, Droz (Textes littéraires français).

1994 : Préface de Raymond Picard, édition de Jean-Pierre Collinet, Gallimard (Folio théâtre).

TRAVAUX SUR RACINE

1950 : Knight (Roy C.) : *Racine et la Grèce*, Boivin (réédition en 1974, A.-G. Nizet).

1956 : Picard (Raymond) : *La Carrière de Jean Racine. Le génie et l'ambition*, Gallimard (Bibliothèque des Idées). Édition revue et augmentée en 1961.

Picard (Raymond) : *Corpus racinianum. Recueil inventaire des textes et documents du* XVIIe *siècle concernant Jean Racine*, Les Belles Lettres. Édition cumulative sous le titre de : *Nouveau corpus*

racinianum, en 1976, Éditions du Centre National de la Recherche Scientifique.
Goldmann (Lucien) : *Le Dieu caché. Étude sur la vision tragique dans les* Pensées *de Pascal et dans le théâtre de Racine*, Gallimard (Bibliothèque des Idées).

1957 : Descotes (Maurice) : *Les Grands Rôles du théâtre de Jean Racine*, Presses Universitaires de France.
Mauron (Charles) : *L'Inconscient dans l'œuvre et la vie de Racine*, Gap, Éditions Ophrys (Annales de la Faculté des Lettres, Aix-en-Provence).

1958 : Jasinski (René) : *Vers le vrai Racine. Arriviste ou poète ?*, Armand Colin, 2 volumes.

1959 : Butler (Philip) : *Classicisme et baroque chez Racine*, A.-G. Nizet.

1961 : Starobinski (Jean) : « Racine et la poétique du regard » (1954), dans *L'Œil vivant*, Gallimard.

1963 : Barthes (Roland) : *Sur Racine*, Éditions du Seuil (Pierres vives).

1968 : Freeman (Bryant C.) et Batson (Alan) : *Concordance du Théâtre et des Poésies de Jean Racine*, 2 volumes, Ithaca, N.Y., Cornell University Press.

1969 : Guibert (Albert-Jean) : *Bibliographie des œuvres de Jean Racine publiées au XVIIe siècle et œuvres posthumes*, Éditions du Centre National de la Recherche Scientifique.

1970 : Delcroix (Maurice) : *Le Sacré dans les tragédies profanes de Racine. Essai sur la signification du dieu mythologique et de la fatalité dans* La Thébaïde, Andromaque, Iphigénie *et* Phèdre, A.-G. Nizet.

1975 : Truchet (Jacques) : *La Tragédie classique en France*, Presses Universitaires de France (Littératures modernes). Réédition corrigée en 1997.

1976 : *Racine. Mythes et réalités. Actes du colloque tenu à l'université de Western Ontario, London, Canada, en mars 1974. Texte établi par Constant Venesoen*, Société d'étude du XVIIe siècle et Université de Western Ontario.

1977 : Picard (Raymond) : *De Racine au Parthénon. Essais sur la littérature et l'art à l'âge classique*, Gallimard (Bibliothèque des Idées).

1978 : Niderst (Alain) : *Racine et la tragédie classique*, Presses Universitaires de France (Que sais-je ?).

1981 : Backès (Jean-Louis) : *Racine*, Éditions du Seuil (Écrivains de toujours).
Prophète (Jean), *Les Para-personnages dans les tragédies de Racine*, A.-G. Nizet.

1982 : Scherer (Jacques) : *Racine et/ou la cérémonie*, Presses Universitaires de France (Littératures modernes). Rappelons ici qu'on doit à J. Scherer la très utile thèse sur *La Dramaturgie classique en France*, publiée chez Nizet en 1950 et plusieurs fois rééditée.

1983 : Bernet (Charles) : *Le Vocabulaire des tragédies de Jean Racine. Analyse statistique*, Genève-Paris, Slatkine-Champion (Travaux de Linguistique quantitative).

1986 : *Relectures raciniennes. Nouvelles approches du discours tragique. Études réunies par Richard L. Barnett*, Paris-Seattle-Tübingen, Papers on French Seventeenth Century Literature.

1988 : Pommier (René) : *Le* Sur Racine *de Roland Barthes*, SEDES. Sweetser (Marie-Odile) : « Racine : pour une problématique de la femme rompue », dans : *Actes de London (Canada), 1985*, Paris-Seattle-Tübingen, Papers on French Seventeenth Century Literature (Biblio 17).

Blanc (André) : « Quelques réflexions sur le discours interrompu chez Racine », dans : *L'Intelligence du passé. Les faits, l'écriture et le sens. Mélanges offerts à Jean Lafond*, Tours, Publications de l'Université.

Garrette (Robert) : *La Phrase de Racine : étude stylistique et stylométrique*, Toulouse, Presses Universitaires de Mirail-Toulouse, 1995.

1989 : Rohou (Jean) : « Racine, une seule œuvre en onze étapes », *Revue des Sciences humaines*, juillet-septembre 1989, p. 31-50.

1990 : Sweetser (Marie-Odile) : « Choix des élues », dans : *Travaux de littérature offerts en hommage à Noémi Hepp*, ADIREL, Les Belles Lettres.

Viala (Alain) : *Racine. La stratégie du caméléon*, Seghers (Biographie).

1991 : Descotes (Maurice) : *Racine, guerre et paix. Réalités et mythes*, Université de Pau et des pays de l'Adour, *Cahiers de l'Université*.

Racine. Appraisal and Re-Appraisal. Conferences delivered at Bristol in november 1988, édité par Edward Forman, Bristol, Université de Bristol.

Rohou (Jean) : *L'Évolution du tragique racinien*, SEDES.

1992 : Dubu (Jean) : *Racine aux miroirs*, SEDES.

Rohou (Jean) : *Racine entre sa carrière, son œuvre et son Dieu*, Fayard.

1993 : Morel (Jacques), *Racine*, Bordas (En toutes lettres).

1995 : Mercanton (Jacques) : *Racine devant Dieu*, La Différence.

1996 : Biet (Christian) : *Racine*, Hachette-Éducation (Portraits littéraires).

ÉTUDES SUR *ANDROMAQUE*

ALLEN (Peter) : « The role of myth in Racine : *Andromaque, Iphigénie, Phèdre* », dans : *Myth and Legend in French Literature. Essays in honour of A. J. Steele. Edited by Keith Aspley, David Bellos, Peter Sharratt*, London (Canada), 1982, The MHRA.

AMAT (Christian) : « Le thème de la vision dans l'*Andromaque* de Racine », *Revue des Sciences humaines*, octobre-décembre 1973.

BARNWELL (Harry T.) : « Racine's *Andromaque* : new myth for old » dans : *Myth and its making in the French Theatre. Studies presented to W. D. Howarth. Edited by E. Freeman, H. Mason, M. O'Reagan, S. W. Taylor*, Cambridge, Cambridge University Press, 1988.

BÉNICHOU (Paul) : « Andromaque captive puis reine », dans *L'Écrivain et ses travaux*, José Corti, 1967.

BIET (Christian) : « Dans la tragédie, la traduction n'existe pas : l'empilement des références dans *Andromaque* », *Littératures classiques*, IV, 1991.

COLLINET (Jean-Pierre) : « Subligny, Molière et *La Folle Querelle*, un dossier qui n'est pas clos », dans *Hommages à Jacques Landrin*, Dijon, ABDO, 1992.

COUTON (Georges) : « Mélancolie d'Oreste », dans :

Thèmes et genres littéraires aux XVIIe et XVIIIe siècles. Mélanges en l'honneur de Jacques Truchet, Presses Universitaires de France, 1992.

COUTON (Georges) : « Pour sauver Astyanax », dans : *L'Art du théâtre. Mélanges en l'honneur de Robert Garapon*, Presses Universitaires de France, 1992.

DANDREY (Patrick) : « Le Dénouement d'*Andromaque* ou l'Éloge de la régence », *Diversité, c'est ma devise* [Mélanges Jürgen Grimm], Paris, Seattle, Tübingen, Papers on French Seventeeth Century Litterature (Biblio 17, volume 86), 1994.

DEFAUX (Gérard) : « Culpabilité et expiation dans l'*Andromaque* de Racine », *Romanic Review*, janvier 1977.

DELMAS (Christian) : « À propos d'un compte rendu : l'interprétation d'*Andromaque*, acte IV, scène 5 », Toulouse, *Cahiers de littérature du XVIIe siècle*, 1981.

FRANCE (Peter) : *Andromaque*, University of Glasgow French and German Publications (Glasgow introductory guides to French texts). Rappelons ici qu'on doit à P. France un important ouvrage, *Racine's Rhetoric*, Oxford, Clarendon Press, 1965.

GOLDMANN (Lucien) : « La place d'*Andromaque* dans la tragédie de Racine », *Cahiers de la compagnie Madeleine Renaud-Jean-Louis Barrault*, novembre 1962.

GUINIS (Nicolas) : *Andromaque d'Euripide et Andromaque de Racine*, thèse soutenue à l'Université de Paris-IV en 1977 (non éditée).

HUBERT (Judd D.) : « Le triomphe symbolique d'Hector », *French Review*, mai 1954.

JACKSON (John E.) : « *Andromaque :* l'envers du discours racinien », Stanford *French Review*, été 1985.

LEWIS (Philippe) : « *Andromaque* under interrogation », *Semiotica*, 1984.

Mc Farlane (Ian) : « Reflections on the variants in *Andromaque* », dans : *Form and Meaning ; aestethic Coherence in XVIIth Century French Drama. Studies presented to Harry Barnwell. Edited by William D. Howarth, Ian Mc Farlane, Margaret Mc Gowan*, Amersham, Grande-Bretagne, Avebury, 1982.

Margitie (Milorad R.) : « *Andromaque* ou la lecture des signes : étude de l'ironie tragique », *Papers on French Seventeenth Century Literature*, été 1979.

Maulnier (Thierry) : « Trois fois centenaire et sans aucune ride », *Plaisir de France*, novembre 1967. Rappelons que Thierry Maulnier est l'auteur d'un important *Racine* publié en 1935 par Alexis Redier (Librairie de la *Revue française*), réédité en 1947 chez Gallimard (Leurs figures).

Moracevich (June) : « Literary, sociological and psychological sources of *Andromaque* », *Papers on French Seventeenth Century Literature*, 1982.

Niderst (Alain) : « Ronsard, *Andromaque* et *Attila* », *travaux de littérature*, IV, 1991, p. 117-126.

Pommier (Jean) : *Tradition littéraire et modèles vivants dans l'*Andromaque *de Racine* (The Presidential Address of the Modern Humanities Research Association), Londres, Cambridge University Press, 1962. Mentionnons ici pour mémoire le beau livre de Jean Pommier, *Aspects de Racine*, paru chez Nizet en 1954.

*Pour le tricentenaire d'*Andromaque. *Racine, Europe*, janvier 1967 (présentation de Pierre Abraham).

Stone (Harriett) : « Beyond the promise : Racine's *Andromaque* », *Symposium*, hiver 1989-1990.

Stone (Harriett) : « The tragic implications of Andromaque's sacrifice », *Romanic Review*, novembre 1984.

Verhoeff (Hans) : « Troie, thème et structure dans

Andromaque », dans : *Relectures raciniennes*, 1986 (voir ci-dessus, p. 165).

VIER (Jacques) : « *Andromaque* ou la tragédie des âmes du Purgatoire », *L'Homme nouveau*, 20 septembre 1987.

VINCENT (Claire) : « Le mythe de Troie et ses dimensions passionnelles dans l'*Andromaque* de Racine », *L'École des lettres*, 1er février 1992, p. 17-30.

RÉSUMÉ

La simplicité du schéma (Oreste aime Hermione qui ne l'aime pas, éprise qu'elle est d'un Pyrrhus qui la dédaigne pour une Andromaque fidèle au souvenir d'Hector, l'époux dont elle est devenue veuve) ne doit pas masquer la subtile complexité d'une action fertile en rebondissements, riche en arrière-plans romanesques (tels que tempête, projet d'enlèvement, conspiration improvisée), qui fonctionne avec la même précision qu'un mécanisme d'horlogerie.

Oreste débarque en Épire. Il y retrouve Pylade, son ami, dont une tempête l'a séparé six mois plus tôt. Il y vient, officiellement, pour demander à Pyrrhus, fils d'Achille et souverain de cette contrée, au nom de la Grèce, la restitution d'Astyanax, l'enfant d'Hector et d'Andromaque, dont on croyait jusqu'ici qu'il avait été mis à mort aussitôt après la prise de Troie, mais dont on sait (par une révélation d'Hermione, comme le spectateur l'apprend au cours de la pièce) qu'il a survécu grâce à la substitution imaginée par sa mère, et dont la seule existence est considérée comme un danger par les Grecs, puisqu'en lui s'incarne désormais l'unique espoir, pour les Troyens, réduits en esclavage et dispersés, de voir un jour leur ville renaître de ses cendres. Le but de son voyage se double cependant d'un motif secret : de longue date amoureux d'Hermione, sa cousine, promise en mariage à Pyrrhus, et qu'il avait dès lors juré de ne plus revoir, ne cherchant plus qu'à mourir, sans parvenir à se détacher d'elle, il espère, puisque le fils d'Achille à présent la dédaigne pour sa captive troyenne, la remmener avec lui de force ou de gré.

Le point fort du premier acte est constitué par sa conférence avec Pyrrhus, qui refuse d'accéder à sa demande et de lui remettre le fils d'Andromaque. Mais de cette attitude chevaleresque (ne prend-il pas spontanément la défense de l'orphelin et de la veuve contre la coalition de leurs ennemis ?) il n'obtient nullement la reconnaissance qu'il en escomptait d'Andromaque, dont il ne reçoit pas même l'aumône d'un regard plus favorable, de sorte qu'il passe avec elle du respect le plus humble et soumis à la menace brutale : qu'elle songe que de lui dépend le sort de son fils !

Au second acte prend place la visite privée qu'Hermione attend d'Oreste. Elle ne l'accueille qu'à contrecœur, comme un importun, souffrant devant lui de l'humiliante position dans laquelle elle se trouve en tant que future épouse abandonnée avant même ses noces au profit d'une rivale. Elle acceptera néanmoins de retourner sous sa conduite à Sparte, où son père, Ménélas, par lettre, la somme de retourner pour ne plus subir de nouveaux affronts, mais elle n'y consentira que si Pyrrhus persiste dans son refus de livrer aux Grecs le fils d'Andromaque. Oreste, alors, peut un instant croire que la fortune va lui sourire à nouveau, mais il ignore que Pyrrhus, dans l'intervalle, s'est ravisé : le voici qui vient l'informer que l'enfant qu'il réclame lui sera livré.

Il suffit toutefois qu'au retour de la visite quotidienne rendue par Andromaque à son fils, cette mère aux abois tente, encouragée par sa confidente Céphise, une ultime démarche auprès de Pyrrhus, pour qu'il faiblisse et que sa précaire fermeté chancelle, en dépit des exhortations de son vieux gouverneur Phœnix. Par une seconde volte-face, le roi d'Épire accepte à nouveau d'accorder sa protection à l'enfant, mais cette fois sous la condition expresse que sa mère consente à l'épouser de sorte qu'il se trouve devenu d'Astyanax le père adoptif et le tuteur légal. Partagée entre sa tendresse maternelle et la fidélité qu'elle entend garder à la mémoire de son premier époux, ne sachant à quoi se résoudre dans ce cruel embarras, Andromaque prend la décision d'aller se recueillir sur la tombe élevée non loin de là par elle à son mari défunt.

Au retour de ce pieux pèlerinage, sa résolution est arrêtée : elle épousera Pyrrhus, afin que demeure vivant l'unique héritier d'Hector, mais se donnera la mort aussitôt après la cérémonie, pour ne pas manquer à la foi conjugale envers son précédent époux. Hermione se trouve, de ce fait, évincée. Furieuse, elle charge Oreste de la venger par l'assassinat immédiat de Pyrrhus, besogne qui lui répugne, mais qu'il finit, devant son implacable acharnement d'amante jalouse, par prendre sur lui d'exécuter. Il ne l'a pas plus tôt quittée que Pyrrhus vient la trouver. Chercherait-il à l'apaiser, voire, une fois encore, à se réconcilier avec elle ? Il faut surseoir, avant de l'avoir entendu, à toute entreprise contre l'infidèle. Hélas ! il persiste dans sa trahison, confus certes de sa faiblesse et tourmenté par le remords, mais s'avouant incapable de ne pas suivre le penchant de son cœur. Et, pour comble, quand Hermione lui demande qu'il diffère d'une journée son mariage avec Andromaque, afin que ne lui soit pas infligé le supplice d'assister à ce spectacle odieux pour elle, il ne répond rien. Outrée de son attitude, elle se répand en invectives et menaces contre lesquelles Phœnix, lorsque se clôt le quatrième acte, met inutilement Pyrrhus en garde.

Au début du dernier acte, Hermione, moins ancrée dans son ressentiment, flotte encore entre la haine et l'amour. Mais le rapport de sa confidente Cléone, qui lui dépeint l'exultation de Pyrrhus en marche avec Andromaque vers le temple où doit être scellée leur union, rouvre sa blessure. Impatiente de le frustrer du bonheur auquel il croit toucher, se défiant d'Oreste, dont elle craint que, trop pusillanime, il n'ose en définitive commettre un tel attentat, elle s'apprête à courir pour le frapper elle-même et mourir vengée. Cependant, dès qu'elle apprend d'Oreste que Pyrrhus expire, massacré par les Grecs, indignés de l'avoir vu de ses mains poser le diadème sur le front d'Andromaque puis entendu proclamer Astyanax roi des Troyens, elle désavoue l'entreprise, oublie que l'initiative en est venue d'elle, en rejette la responsabilité sur celui qu'elle considère avec horreur comme le meurtrier, bien qu'il reste le seul à n'avoir point porté de coup à la victime, et le regarde comme un monstre. Tant d'injuste ingratitude le plonge dans une stupeur douloureuse. Et la nouvelle, apportée par Pylade, qu'Hermione s'est poignardée sur le cadavre de Pyrrhus, le privant de son dernier espoir, achève de le rendre fou. Se croyant dans le royaume des ombres, il se figure qu'il y retrouve Pyrrhus embrassé par Hermione, qui traîne après elle un impressionnant cortège de furies, impatientes de châtier son crime et symbolisant la damnation à laquelle, de longue date, il ne se sentait que trop prédestiné. Son fidèle ami profite de ce qu'il a perdu conscience pour le soustraire à la vindicte d'un peuple désormais soumis à l'autorité de sa nouvelle reine qui, veuve une seconde fois, s'acquitte des honneurs dus au monarque défunt, tandis que l'on se jette à la poursuite de ses assassins. On emporte Oreste ; la scène reste vide. En coulisse l'innocence longtemps persécutée triomphe, en la personne d'un enfant et de sa mère. Pour les autres personnages du drame, la tragédie est consommée.

DU MÊME AUTEUR

Dans la collection Folio classique

THÉÂTRE COMPLET, tomes 1 et 2. *Édition présentée et établie par Jean-Pierre Collinet.*

PHÈDRE. *Édition présentée et établie par Raymond Picard.*

BRITANNICUS. *Édition présentée et établie par Georges Forestier.*

Dans la collection Folio théâtre

BÉRÉNICE. *Édition présentée et établie par Richard Parish.*

BAJAZET. *Édition présentée et établie par Christian Delmas.*

PHÈDRE. *Édition présentée et établie par Christian Delmas et Georges Forestier.*

IPHIGÉNIE. *Édition présentée et établie par Georges Forestier.*

MITHRIDATE. *Édition présentée et établie par Georges Forestier.*

ATHALIE. *Édition présentée et établie par Georges Forestier.*

COLLECTION FOLIO

Dernières parutions

3823. Frédéric Beigbeder — *Dernier inventaire avant liquidation.*
3824. Hector Bianciotti — *Une passion en toutes Lettres.*
3825. Maxim Biller — *24 heures dans la vie de Mordechaï Wind.*
3826. Philippe Delerm — *La cinquième saison.*
3827. Hervé Guibert — *Le mausolée des amants.*
3828. Jhumpa Lahiri — *L'interprète des maladies.*
3829. Albert Memmi — *Portrait d'un Juif.*
3830. Arto Paasilinna — *La douce empoisonneuse.*
3831. Pierre Pelot — *Ceux qui parlent au bord de la pierre (Sous le vent du monde, V).*
3832. W.G Sebald — *Les émigrants.*
3833. W.G Sebald — *Les Anneaux de Saturne.*
3834. Junichirô Tanizaki — *La clef.*
3835. Cardinal de Retz — *Mémoires.*
3836. Driss Chraïbi — *Le Monde à côté.*
3837. Maryse Condé — *La Belle Créole.*
3838. Michel del Castillo — *Les étoiles froides.*
3839. Aïssa Lached-Boukachache — *Plaidoyer pour les justes.*
3840. Orhan Pamuk — *Mon nom est Rouge.*
3841. Edwy Plenel — *Secrets de jeunesse.*
3842. W. G. Sebald — *Vertiges.*
3843. Lucienne Sinzelle — *Mon Malagar.*
3844. Zadie Smith — *Sourires de loup.*
3845. Philippe Sollers — *Mystérieux Mozart.*
3846. Julie Wolkenstein — *Colloque sentimental.*
3847. Anton Tchékhov — *La Steppe. Salle 6. L'Évêque.*
3848. Alessandro Baricco — *Châteaux de la colère.*
3849. Pietro Citati — *Portraits de femmes.*
3850. Collectif — *Les Nouveaux Puritains.*

3851. Maurice G. Dantec — *Laboratoire de catastrophe générale.*
3852. Bo Fowler — *Scepticisme & Cie.*
3853. Ernest Hemingway — *Le jardin d'Éden.*
3854. Philippe Labro — *Je connais gens de toutes sortes.*
3855. Jean-Marie Laclavetine — *Le pouvoir des fleurs.*
3856. Adrian C. Louis — *Indiens de tout poil et autres créatures.*
3857. Henri Pourrat — *Le Trésor des contes.*
3858. Lao She — *L'enfant du Nouvel An.*
3859. Montesquieu — *Lettres Persanes.*
3860. André Beucler — *Gueule d'Amour.*
3861. Pierre Bordage — *L'Évangile du Serpent.*
3862. Edgar Allan Poe — *Aventure sans pareille d'un certain Hans Pfaal.*
3863. Georges Simenon — *L'énigme de la* Marie-Galante.
3864. Collectif — *Il pleut des étoiles...*
3865. Martin Amis — *L'état de L'Angleterre.*
3866. Larry Brown — *92 jours.*
3867. Shûsaku Endô — *Le dernier souper.*
3868. Cesare Pavese — *Terre d'exil.*
3869. Bernhard Schlink — *La circoncision.*
3870. Voltaire — *Traité sur la Tolérance.*
3871. Isaac B. Singer — *La destruction de Kreshev.*
3872. L'Arioste — *Roland furieux I.*
3873. L'Arioste — *Roland furieux II.*
3874. Tonino Benacquista — *Quelqu'un d'autre.*
3875. Joseph Connolly — *Drôle de bazar.*
3876. William Faulkner — *Le docteur Martino.*
3877. Luc Lang — *Les Indiens.*
3878. Ian McEwan — *Un bonheur de rencontre.*
3879. Pier Paolo Pasolini — *Actes impurs.*
3880. Patrice Robin — *Les muscles.*
3881. José Miguel Roig — *Souviens-toi, Schopenhauer.*
3882. José Sarney — *Saraminda.*
3883. Gilbert Sinoué — *À mon fils à l'aube du troisième millénaire.*
3884. Hitonari Tsuji — *La lumière du détroit.*
3885. Maupassant — *Le Père Milon.*
3886. Alexandre Jardin — *Mademoiselle Liberté.*

3887. Daniel Prévost	*Coco belles-nattes.*
3888. François Bott	*Radiguet. L'enfant avec une canne.*
3889. Voltaire	*Candide ou l'Optimisme.*
3890. Robert L. Stevenson	*L'Étrange Cas du docteur Jekyll et de M. Hyde.*
3891. Daniel Boulanger	*Talbard.*
3892. Carlos Fuentes	*Les années avec Laura Díaz.*
3894. André Dhôtel	*Idylles.*
3895. André Dhôtel	*L'azur.*
3896. Ponfilly	*Scoops.*
3897. Tchinguiz Aïtmatov	*Djamilia.*
3898. Julian Barnes	*Dix ans après.*
3900. Catherine Cusset	*À vous.*
3901. Benoît Duteurtre	*Le voyage en France.*
3902. Annie Ernaux	*L'occupation.*
3903. Romain Gary	*Pour Sgnanarelle.*
3904. Jack Kerouac	*Vraie blonde, et autres.*
3905. Richard Millet	*La voix d'alto.*
3906. Jean-Christophe Rufin	*Rouge Brésil.*
3907. Lian Hearn	*Le silence du rossignol.*
3908. Alice Kaplan	*Intelligence avec l'ennemi.*
3909. Ahmed Abodehman	*La ceinture.*
3910. Jules Barbey d'Aurevilly	*Les diaboliques.*
3911. George Sand	*Lélia.*
3912. Amélie de Bourbon Parme	*Le sacre de Louis XVII.*
3913. Erri de Luca	*Montedidio.*
3914. Chloé Delaume	*Le cri du sablier.*
3915. Chloé Delaume	*Les mouflettes d'Atropos.*
3916. Michel Déon	*Taisez-vous... J'entends venir un ange.*
3917. Pierre Guyotat	*Vivre.*
3918. Paula Jacques	*Gilda Stambouli souffre et se plaint.*
3919. Jacques Rivière	*Une amitié d'autrefois.*
3920. Patrick McGrath	*Martha Peake.*
3921. Ludmila Oulitskaïa	*Un si bel amour.*
3922. J.-B. Pontalis	*En marge des jours.*
3923. Denis Tillinac	*En désespoir de causes.*
3924. Jerome Charyn	*Rue du Petit-Ange.*

3925. Stendhal	*La Chartreuse de Parme.*
3926. Raymond Chandler	*Un mordu.*
3927. Collectif	*Des mots à la bouche.*
3928. Carlos Fuentes	*Apollon et les putains.*
3929. Henry Miller	*Plongée dans la vie nocturne.*
3930. Vladimir Nabokov	*La Vénitienne* précédé d'*Un coup d'aile.*
3931. Ryûnosuke Akutagawa	*Rashômon* et autres contes.
3932. Jean-Paul Sartre	*L'enfance d'un chef.*
3933. Sénèque	*De la constance du sage.*
3934. Robert Louis Stevenson	*Le club du suicide.*
3935. Edith Wharton	*Les lettres.*
3936. Joe Haldeman	*Les deux morts de John Speidel.*
3937. Roger Martin du Gard	*Les Thibault I.*
3938. Roger Martin du Gard	*Les Thibault II.*
3939. François Armanet	*La bande du drugstore.*
3940. Roger Martin du Gard	*Les Thibault III.*
3941. Pierre Assouline	*Le fleuve Combelle.*
3942. Patrick Chamoiseau	*Biblique des derniers gestes.*
3943. Tracy Chevalier	*Le récital des anges.*
3944. Jeanne Cressanges	*Les ailes d'Isis.*
3945. Alain Finkielkraut	*L'imparfait du présent.*
3946. Alona Kimhi	*Suzanne la pleureuse.*
3947. Dominique Rolin	*Le futur immédiat.*
3948. Philip Roth	*J'ai épousé un communiste.*
3949. Juan Rulfo	*Le Llano en flammes.*
3950. Martin Winckler	*Légendes.*
3951. Fédor Dostoïevski	*Humiliés et offensés.*
3952. Alexandre Dumas	*Le Capitaine Pamphile.*
3953. André Dhôtel	*La tribu Bécaille.*
3954. André Dhôtel	*L'honorable Monsieur Jacques.*
3955. Diane de Margerie	*Dans la spirale.*
3956. Serge Doubrovski	*Le livre brisé.*
3957. La Bible	*Genèse.*
3958. La Bible	*Exode.*
3959. La Bible	*Lévitique-Nombres.*
3960. La Bible	*Samuel.*
3961. Anonyme	*Le poisson de jade.*
3962. Mikhaïl Boulgakov	*Endiablade.*
3963. Alejo Carpentier	*Les Élus et autres nouvelles.*
3964. Collectif	*Un ange passe.*

3965. Roland Dubillard	*Confessions d'un fumeur de tabac français.*
3966. Thierry Jonquet	*La leçon de management.*
3967. Suzan Minot	*Une vie passionnante.*
3968. Dann Simmons	*Les Fosses d'Iverson.*
3969. Junichirô Tanizaki	*Le coupeur de roseaux.*
3970. Richard Wright	*L'homme qui vivait sous terre.*
3971. Vassilis Alexakis	*Les mots étrangers.*
3972. Antoine Audouard	*Une maison au bord du monde.*
3973. Michel Braudeau	*L'interprétation des singes.*
3974. Larry Brown	*Dur comme l'amour.*
3975. Jonathan Coe	*Une touche d'amour.*
3976. Philippe Delerm	*Les amoureux de l'Hôtel de Ville.*
3977. Hans Fallada	*Seul dans Berlin.*
3978. Franz-Olivier Giesbert	*Mort d'un berger.*
3979. Jens Christian Grøndahl	*Bruits du cœur.*
3980. Ludovic Roubaudi	*Les Baltringues.*
3981. Anne Wiazemski	*Sept garçons.*
3982. Michel Quint	*Effroyables jardins.*
3983. Joseph Conrad	*Victoire.*
3984. Émile Ajar	*Pseudo.*
3985. Olivier Bleys	*Le fantôme de la Tour Eiffel.*
3986. Alejo Carpentier	*La danse sacrale.*
3987. Milan Dargent	*Soupe à la tête de bouc.*
3988. André Dhôtel	*Le train du matin.*
3989. André Dhôtel	*Des trottoirs et des fleurs.*
3990. Philippe Labro/ Olivier Barrot	*Lettres d'Amérique. Un voyage en littérature.*
3991. Pierre Péju	*La petite Chartreuse.*
3992. Pascal Quignard	*Albucius.*
3993. Dan Simmons	*Les larmes d'Icare.*
3994. Michel Tournier	*Journal extime.*
3995. Zoé Valdés	*Miracle à Miami.*
3996. Bossuet	*Oraisons funèbres.*
3997. Anonyme	*Jin Ping Mei I.*
3998. Anonyme	*Jin Ping Mei II.*
3999. Pierre Assouline	*Grâces lui soient rendues.*
4000. Philippe Roth	*La tache.*
4001. Frederick Busch	*L'inspecteur de nuit.*
4002. Christophe Dufossé	*L'heure de la sortie.*

4003. William Faulkner	*Le domaine.*
4004. Sylvie Germain	*La Chanson des mal-aimants.*
4005. Joanne Harris	*Les cinq quartiers de l'orange.*
4006. Leslie kaplan	*Les Amants de Marie.*
4007. Thierry Metz	*Le journal d'un manœuvre.*
4008. Dominique Rolin	*Plaisirs.*
4009. Jean-Marie Rouart	*Nous ne savons pas aimer.*
4010. Samuel Butler	*Ainsi va toute chair.*
4011. George Sand	*La petite Fadette.*
4012. Jorge Amado	*Le Pays du Carnaval.*
4013. Alessandro Baricco	*L'âme d'Hegel et les vaches du Wisconsin.*
4014. La Bible	*Livre d'Isaïe.*
4015. La Bible	*Paroles de Jérémie-Lamentations.*
4016. La Bible	*Livre de Job.*
4017. La Bible	*Livre d'Ezéchiel.*
4018. Frank Conroy	*Corps et âme.*
4019. Marc Dugain	*Heureux comme Dieu en France.*
4020. Marie Ferranti	*La Princesse de Mantoue.*
4021. Mario Vargas Llosa	*La fête au Bouc.*
4022. Mario Vargas Llosa	*Histoire de Mayta.*
4023. Daniel Evan Weiss	*Les cafards n'ont pas de roi.*
4024. Elsa Morante	*La Storia.*
4025. Emmanuèle Bernheim	*Stallone.*
4026. Françoise Chandernagor	*La chambre.*
4027. Philippe Djian	*Ça, c'est un baiser.*
4028. Jérôme Garcin	*Théâtre intime.*
4029. Valentine Goby	*La note sensible.*
4030. Pierre Magnan	*L'enfant qui tuait le temps.*
4031. Amos Oz	*Les deux morts de ma grand-mère.*
4032. Amos Oz	*Une panthère dans la cave.*
4033. Gisèle Pineau	*Chair Piment.*
4034. Zeruya Shalev	*Mari et femme.*
4035. Jules Verne	*La Chasse au météore.*
4036. Jules Verne	*Le Phare du bout du Monde.*
4037. Gérard de Cortanze	*Jorge Semprun.*
4038. Léon Tolstoï	*Hadji Mourat.*
4039. Isaac Asimov	*Mortelle est la nuit.*

4040. Collectif	*Au bonheur de lire.*
4041. Roald Dahl	*Gelée royale.*
4042. Denis Diderot	*Lettre sur les Aveugles.*
4043. Yukio Mishima	*Martyre.*
4044. Elsa Morante	*Donna Amalia.*
4045. Ludmila Oulitskaïa	*La maison de Lialia.*
4046. Rabindranath Tagore	*La petite mariée.*
4047. Ivan Tourguéniev	*Clara Militch.*
4048. H.G. Wells	*Un rêve d'Armageddon.*
4049. Michka Assayas	*Exhibition.*
4050. Richard Bausch	*La saison des ténèbres.*
4051. Saul Bellow	*Ravelstein.*
4052. Jerome Charyn	*L'homme qui rajeunissait.*
4053. Catherine Cusset	*Confession d'une radine.*
4055. Thierry Jonquet	*La Vigie* (à paraître).
4056. Erika Krouse	*Passe me voir un de ces jours.*
4057. Philippe Le Guillou	*Les marées du Faou.*
4058. Frances Mayes	*Swan.*
4059. Joyce Carol Oates	*Nulle et Grande Gueule.*
4060. Edgar Allan Poe	*Histoires extraordinaires.*
4061. George Sand	*Lettres d'une vie.*
4062. Frédéric Beigbeder	*99 francs.*
4063. Balzac	*Les Chouans.*
4064. Bernardin de Saint Pierre	*Paul et Virginie.*
4065. Raphaël Confiant	*Nuée ardente.*
4066. Florence Delay	*Dit Nerval.*
4067. Jean Rolin	*La clôture.*
4068. Philippe Claudel	*Les petites mécaniques.*
4069. Eduardo Barrios	*L'enfant qui devint fou d'amour.*
4070. Neil Bissoondath	*Un baume pour le cœur.*
4071. Jonahan Coe	*Bienvenue au club.*
4072. Toni Davidson	*Cicatrices.*
4073. Philippe Delerm	*Le buveur de temps.*
4074. Masuji Ibuse	*Pluie noire.*
4075. Camille Laurens	*L'Amour, roman.*
4076. François Nourissier	*Prince des berlingots.*
4077. Jean d'Ormesson	*C'était bien.*
4078. Pascal Quignard	*Les Ombres errantes.*
4079. Isaac B. Singer	*De nouveau au tribunal de mon père.*

4080. Pierre Loti	*Matelot.*
4081. Edgar Allan Poe	*Histoires extraordinaires.*
4082. Lian Hearn	*Le clan des Otori, II : les Neiges de l'exil.*
4083. La Bible	*Psaumes.*
4084. La Bible	*Proverbes.*
4085. La Bible	*Évangiles.*
4086. La Bible	*Lettres de Paul.*
4087. Pierre Bergé	*Les jours s'en vont je demeure.*
4088. Benjamin Berton	*Sauvageons.*
4089. Clémence Boulouque	*Mort d'un silence.*
4090. Paule Constant	*Sucre et secret.*
4091. Nicolas Fargues	*One Man Show.*
4092. James Flint	*Habitus.*
4093. Gisèle Fournier	*Non-dits.*
4094. Iegor Gran	*O.N.G.!*
4095. J.M.G. Le Clézio	*Révolutions.*
4096. Andréï Makine	*La terre et le ciel de Jacques Dorme.*
4097. Collectif	*«Parce que c'était lui, parce-que c'était moi».*
4098. Anonyme	*Saga de Gísli Súrsson.*
4099. Truman Capote	*Monsieur Maléfique et autres nouvelles.*
4100. E.M. Cioran	*Ébauches de vertige.*
4101. Salvador Dali	*Les moustaches radar.*
4102. Chester Himes	*Le fantôme de Rufus Jones* et autres nouvelles.
4103. Pablo Neruda	*La solitude lumineuse.*
4104. Antoine de St-Exupéry	*Lettre à un otage.*
4105. Anton Tchekhov	*Une banale histoire.*
4106. Honoré de Balzac	*L'Auberge rouge.*
4107. George Sand	*Consuelo I.*
4108. George Sand	*Consuelo II.*
4109. André Malraux	*Lazare.*
4110 Cyrano de Bergerac	*L'autre monde.*
4111 Alessandro Baricco	*Sans sang.*
4112 Didier Daeninckx	*Raconteur d'histoires.*
4113 André Gide	*Le Ramier.*
4114. Richard Millet	*Le renard dans le nom.*
4115. Susan Minot	*Extase.*

4116. Nathalie Rheims	*Les fleurs du silence.*
4117. Manuel Rivas	*La langue des papillons.*
4118. Daniel Rondeau	*Istanbul.*
4119. Dominique Sigaud	*De chape et de plomb.*
4120. Philippe Sollers	*L'Étoile des amants.*
4121. Jacques Tournier	*À l'intérieur du chien.*
4122. Gabriel Sénac de Meilhan	*L'Émigré.*
4123. Honoré de Balzac	*Le Lys dans la vallée.*
4124. Lawrence Durrell	*Le Carnet noir.*
4125. Félicien Marceau	*La grande fille.*
4126. Chantal Pelletier	*La visite.*
4127. Boris Schreiber	*La douceur du sang.*
4128. Angelo Rinaldi	*Tout ce que je sais de Marie.*
4129. Pierre Assouline	*Etat limite.*
4130. Elisabeth Barillé	*Exaucez-nous.*
4131. Frédéric Beigbeder	*Windows on the World.*
4132. Philippe Delerm	*Un été pour mémoire.*
4133. Colette Fellous	*Avenue de France.*
4134. Christian Garcin	*Du bruit dans les arbres.*
4135. Fleur Jaeggy	*Les années bienheureuses du châtiment.*
4136. Chateaubriand	*Itinéraire de Paris à Jerusalem.*
4137. Pascal Quignard	*Sur le jadis. Dernier royaume, II.*
4138. Pascal Quignard	*Abîmes. Dernier Royaume, III.*
4139. Michel Schneider	*Morts imaginaires.*
4140. Zeruya Shalev	*Vie amoureuse.*
4141. Frederic Vitoux	*La vie de Céline.*
4142. Fédor Dostoievski	*Les Pauvres Gens.*
4143. Ray Bradbury	*Meurtres en douceur.*
4144. Carlos Castaneda	*Stopper-le-monde.*
4145. Confucius	*Entretiens.*
4146. Didier Daeninckx	*Ceinture rouge.*
4147. William Faulkner	*Le caïd.*
4148. Gandhi	*En guise d'autobiographie.*
4149. Guy de Maupassant	*Le verrou et autre contes grivois.*
4150. D.A.F. de Sade	*La philosophie dans le boudoir.*
4151. Italo Svevo	*L'assassinat de la via Belpoggio.*
4152. Laurence Cossé	*Le 31 du mois d'août.*
4153. Benoît Duteurtre	*Service clientèle.*
4154. Christine Jordis	*Bali, Java, en rêvant.*
4155. Milan Kundera	*L'ignorance.*

Impression Novoprint
à Barcelone, le 2 mai 2005
Dépôt légal: mai 2005
Premier dépôt légal dans la collection: avril 1999

ISBN 2-07-040902-3./Imprimé en Espagne.